小資理財
90秒

一看就懂的新手理財課，
學會「儲蓄＋保險＋投資」，
擺脫窮忙、存到第一桶金

臉書、IG
「小資理財90秒」版主
趙柏凱 著

U0001950

野人

目錄

作者的話　8
人物介紹　10

第一章

理財先理心　15
理財事半功倍，從建立正確觀念開始！

小資族海莉的投資血淚故事　16
Tips 月光族 × 虛擬貨幣詐騙

釐清自己的理財實力　19
Tips 填寫理財等級表，總共 6 級，你在哪一級？

理財，從買股票開始嗎？　22
Tips 先想一想，你想成為什麼樣的人？

理財也要 SMART　26
Tips 用「SMART 原則」制定具體的理財目標

第二章

打造金錢管理系統　31
脫離月光族，100% 成功的存錢 + 記帳術！

如何記帳，才不會半途而廢？　32
Tips 七大支出記帳法 + 載具歸戶小幫手

打造預算系統　40
Tips 先儲蓄，再支出，向富人學習編預算！

如何避免亂花錢？ ❶　43
Tips 強制分帳戶，建立預算之間的界線

如何避免亂花錢？ ❷　49
Tips 提高動用儲蓄帳戶的門檻

如何避免亂花錢？ ❸　52
Tips 利用簽帳金融卡限制支出

真・無痛存錢法　55
Tips 利用網路銀行打造自動化存錢系統

第三章

金錢管理就是生活管理　59
生活品質和儲蓄目標，不用二選一！

明明有加薪，為什麼存不到錢？　60
Tips 增加的開銷，只限1/2加薪額度

每天一杯拿鐵，致富離你更遠？　64
Tips 拿鐵因子 × 有意識消費

只是想試用，莫名其妙就買了　69
Tips 認清商人用什麼技巧讓你買？

年終獎金怎麼花？　74
Tips 認清心理帳戶，固定儲蓄比例

過度省錢是一種病　80
Tips▶ 避免節儉疲勞，才能存下更多錢

阿布的緊急預備金　85
Tips▶ 考慮年齡＋人力＋醫療三因子

意外到來前的準備　90
Tips▶ 購買保險的三大原則

小資族該買哪些保險？　96
Tips▶ 四個優先投保的建議

買車行不行？　101
Tips▶ 買車及養車的花費

房租占多少才合理？　105
Tips▶ 30%原則 × 可支配所得

孝親費該怎麼給？　109
Tips▶ 35%原則 × 先照顧好自己

一屁股債怎麼辦？　113
Tips▶ 償還債務的八個步驟

卡奴與他們的產地　117
Tips▶ 合理使用信用卡

第四章

投資前要知道的事　121
規畫保險＋緊急預備金，打造安全網！

投資前，要準備好的五件事　122
Tips 穩定現金流，打造投資防護罩

複利效應：威力媲美原子彈　126
Tips 投資獲得的利息，要繼續再投入

合理的投資報酬率是多少？　131
Tips 著名投資大師的長期績效

市場先生的躁鬱症　134
Tips 養成不盯盤的習慣

6個步驟，降低投資風險　138
Tips 準備緊急預備金 × 創造多元收入

我可以開槓桿投資嗎？　142
Tips 慢慢來，比較快

為什麼大家投資都有賺錢？　146
Tips 認識倖存者偏誤

第五章

奈提博士的戒韭門診　151
拒絕被收割，跟股市韭菜Say NO！

投資應該避免的事 ❶　152
Tips 不做當沖的投機份子

投資應該避免的事 ❷　157
Tips 認清不良理專＆投資型保單

投資應該避免的事 ❸　162
Tips▶ 不要相信 Line 群組報的明牌

投資應該避免的事 ❹　165
Tips▶ 黑心分析師的祕密

投資應該避免的事 ❺　170
Tips▶ 龐氏騙局 × 投資不可能三角

第六章

指數化投資　177
懶人成功投資法：不擇時、不要看、一直買！

散戶有機會打贏大盤嗎？　178
Tips▶ 從戰鬥陀螺比賽，認識隨機漫步理論

什麼是指數化投資？　182
Tips▶ 用美食街的招牌套餐來理解

2% 手續費，其實很昂貴？　187
Tips▶ 弄懂何謂「淨績效」

指數型 ETF 該怎麼選？　191
Tips▶ 選擇市場範圍大者，不選高股息

股票、債券，如何配置比例？　196
Tips▶ 資產配置公式 × 再平衡

怎麼購買海外指數型 ETF？　201
Tips▶ 複委託 × 海外券商

小資族的最佳投資策略 206

Tips▶ 不擇時、不要看、一直買

存多少錢，才能財務自由？ 211

Tips▶ 25倍法則

如何更快達到財務自由？ 218

Tips▶ 增加本金投入 × 資產成長策略

如何有效花錢，買到快樂？ 223

Tips▶ 購買快樂的五種方法

理財，過上自己想要的生活 228

Tips▶ 戈登教授的幸福方程式

番外篇

觀察伴侶的「金錢性格」 233

處理好金錢，關係才能走得長遠

情侶交往要觀察的5個金錢觀 234

Tips▶ 關係的平衡，比誰付錢更重要！

理財，不要總想著贏，
要想著不能輸！

各位讀者大家好，我是本書的作者BK。相信正在閱讀這本書的你，一定也想要好好開始學習理財吧？理財是一輩子的事情，雖然越早開始越好，但任何時候開始都不嫌晚。恭喜你，已經邁開這最重要的一步。

理財是人生的必修課，可惜在目前的正規教育中，這件事情並沒有被廣泛重視。我也是晚起步的那一群，一直到了30歲，我才真正開始接觸理財。而我一直沒有開始的理由是，理財看起來好像很困難，要學很多東西，好像還要懂些經濟和金融，現在工作那麼忙，這些等我有錢了再來學吧。而真實的狀況是，如果你不開始理財，就永遠不會變有錢。

更準確地說，理財的目的並不是致富，而是要避免讓自己落入貧窮，不要總想著贏，而要想著不能輸。我們之所以把理財看得這麼困難，是因為「想要贏，想要快速致富」的念頭在作祟。你可能看過一些人，上班的時候偷偷盯盤，下班之後花時間研究數據，獲利的時候飄飄欲仙，虧損的時候滿肚牢騷。這些被投資綁架的人們，也許有時投資獲利，卻時常失去幸福。

理財的最終目的是獲得幸福，幸福就是好好度過每一天，認真工作，跟喜歡的人在一起。在這本書中，有一系列簡單、成熟又有效的理財方法，可以讓我們獲得幸福，相信你一定會有興趣。可惜的是，我發現仍然有許多人因為理財不慎而落入貧窮，包含自己身邊的親戚及好友，這些刺激，讓我開始起心動念：

「理財教育如此重要，有沒有更簡單的方法，讓更多年輕人能夠早點開始學習呢？」

「有一種簡單、有效、任何人都能學會的投資策略，應該要讓更多人知道。」

於是這本書就誕生了。本書從開始構思到出版，花費將近四年。這些日子以來，我一直在構思，如何用簡單的方式，讓大家能夠輕鬆學習理財。本書沒有過於深奧的內容，也沒有太多專業術語，相信你一定可以既輕鬆又莞爾地閱讀完畢。

這是一本有趣的書，我相信它能為你帶來幸福。

奈提博士 36歲

LOVE咖啡館老闆，留山羊鬍，隱身在巷弄之間的理財專家。史提夫的多年好友。開設「戒韭門診」拯救在投資市場中失敗的小資族。

海莉 25歲

剛開始工作不久的社會新鮮人，因為遭到詐騙而損失慘重。在老闆史提夫的介紹下，前往LOVE咖啡館向奈提博士求助。

克拉拉 27歲

海莉的表姊，聰明有個性，非常照顧海莉，後來跟海莉一起向奈提博士學習理財。此外，她在婚姻中是較為強勢的一方。

阿布 28歲

克拉拉的老公，個性溫和但散漫，不喜歡理財。後來和克拉拉一起向奈提博士學習理財，時常到LOVE咖啡館作客。

史提夫 34歲

海莉的老闆，奈提博士多年好友。表面上毒舌但其實非常照顧人。曾經在投資市場一敗塗地。目前事業有成。

娜娜 24歲

史提夫的妹妹，個性古靈精怪，是眾人的開心果。但是缺乏耐心，總是沒辦法管好錢包。在史提夫的建議下，向奈提博士學習理財。

莎拉太太 49歲

海莉的媽媽，時常給海莉支持與陪伴，也有調皮的一面。

戈登教授 65歲

奈提博士年輕時的指導老師，著名學者，在學校開設「幸福學」課程每年都爆滿。

珍妮佛 30歲

GoodBuy百貨化粧品專櫃的推銷員，擅長用各種話術與技巧推銷商品，讓人越買越多。

麗莎 35歲

因為欠下債務而工作過勞，在路上差點暈倒。海莉帶她到LOVE咖啡館，接受奈提博士的協助。

安 33歲

史提夫的老婆，和娜娜感情非常好。陪伴史提夫走過財務低潮的時期。

湯尼 29歲 & 安東尼 28歲

海莉的同事，時常在辦公室討論股票。

帕克 31歲

戒韭門診的成員，曾因為借錢玩當沖而欠下債務，目前仍在償還中。

琦玉 32歲

戒韭門診的成員，因為遇到不肖理專而損失一筆錢。不幸的是，他最近還被瘋狂理髮師剃成大光頭。

彼得 43歲

戒韭門診的成員，曾經是黑心的股票分析師，後因良心發現，到戒韭門診分享自身的經歷。

艾莎 41歲

戒韭門診的成員，因為陷入龐氏騙局損失慘重。度過難關後，開了一間冰店，過著簡單的生活。

第一章

理財先理心

理財事半功倍，
從建立正確觀念開始！

難易度	★☆☆☆☆☆
重要性	★★★★★★

小資族海莉的投資血淚故事

Tips 月光族╳虛擬貨幣詐騙

海莉是工作剛滿一年的小資族。

海莉

她每天努力工作，想讓家人過好生活，卻沒存到什麼錢。

海莉

有一天，失聯很久的國中同學傳來訊息。

> ⚪ **Penny**
>
> 海莉，還記得我嗎？我是Penny～

咦，是以前隔壁班的佩妮耶～
海莉

⚪ **Penny**

> 我剛從歐洲回來，真好玩～

> 看妳過得不錯，真羨慕～

> 我已經財富自由啦，最近我投資虛擬貨幣賺了不少錢，妳有聽過賴爾幣嗎？

> 沒聽過耶，那是什麼？

> 妳是好朋友我才告訴妳的，這個賴爾幣是最新的區塊鏈技術，保證獲利！

> 只要點這個網址，開通帳號就送1,000枚賴爾幣，然後聽老師指示操作，賠錢算我的！

海莉照做，才2天就賺30%。她很興奮，想找表姊克拉拉一起參與。

海莉，我覺得這是詐騙耶。

克拉拉

海莉

不會啦！佩妮我認識，而且真的有賺錢啊～

嚐到甜頭的海莉，投入新台幣5萬元，但等到想提領時，卻領不出來。

 Penny

---你已被Penny封鎖---

嗚嗚嗚，錢被騙光了。

海莉

經此教訓，海莉決定要認真學投資，訂閱了投顧老師的頻道，卻總是小賺大賠。

她甚至開始使用融資融券，然後連續幾天都睡不好覺。

好景不常，一個傳染病突然肆虐全球，股市大跌，海莉的積蓄全都賠光了。

隔天一早，愁容滿面的海莉到了公司，老闆史提夫發現她怪怪的。

海莉

海莉，妳臉上寫著煩惱喔。

史提夫

海莉

嗚嗚嗚～～

海莉將事情經過告訴了史提夫。

這傢伙完全是棵韭菜耶…

史提夫

聽好，海莉，我會預支下個月的薪水給妳。

史提夫

老闆你突然變帥了！

海莉

但是妳要完成一項功課，到這裡去找奈提博士，妳的生活或許能就此翻轉。

海莉回到座位，一臉茫然…
LOVE 咖啡館，究竟是什麼地方呢？

LOVE COFFEE

啊…忘記拿這個整海莉。

史提夫

炒魷魚遊戲

釐清自己的理財實力

 Tips 填寫理財等級表，總共6級，你在哪一級？

海莉循著地址，在一個寧靜的巷弄裡，找到LOVE咖啡館。

離公司不遠嘛！

海莉走向吧台，眼前的咖啡師是個留著山羊鬍，一臉溫和的男子。

奈提

請問奈提博士在嗎？是史提夫介紹我來的，他要我來這裡學習理財。

原來是史提夫的朋友，我就是奈提。妳遇到什麼問題呢？

是這樣的…我因為投資失利，把身上的積蓄都賠光了。

妳看起來真的很煩惱。在開始之前，請先填寫這張評估表。

還有，我們低消100元喔～

海莉

奈提

理財等級評估表

請在自己具備的能力前面打勾✔

等級	稱號	能力	本書對應章節
第一級	理財初學者	☐ 了解投資與理財的不同 ☐ 擁有具體的理財目標	第一章
第二級	錢包管理員	☐ 很清楚自己的錢花在哪裡 ☐ 為支出設定預算上限 ☐ 已建立自動化理財系統	第二章
第三級	理財達人	☐ 每個月現金流為正 ☐ 能平衡生活品質與存錢目標 ☐ 擁有足夠的緊急預備金 ☐ 擁有足夠的保險	第三章
第四級	投資小白	☐ 擁有閒錢可以投資 ☐ 了解複利的威力 ☐ 對高槓桿投資工具有戒心	第四章
第五級	韭菜生還者	☐ 了解投資界的培訓騙局 ☐ 不被市場收割，拒當韭菜 ☐ 對高報酬的投資騙局具有戒心	第五章
第六級	柏格頭	☐ 了解指數化投資 ☐ 開立海外帳戶或複委託帳戶 ☐ 已執行資產配置	第六章

我應該算是第一級吧…而且還是一棵韭菜…

海莉

這時有一位客人進來…

嘿！奈提！有沒有好好照顧我公司的妹妹啊？

奈提博士是跟我從小一起長大的好朋友，別看他這樣，他可是優秀的理財專家喔～

老…老闆？

海莉

史提夫

還有我都叫他Dirty博士～

揍你喔！

奈提

別理他，開始之前，先給妳一個觀念：理財沒有捷徑，要腳踏實地，才能長久。

奈提

快速致富的方法也有，但大部分都寫在《刑法》裡，那些捷徑都是違法的。

海莉，好好跟博士學習吧，以後喝咖啡，都算我的。

從妳薪水裡扣啊～

史提夫

那諮詢也不用錢嗎？

Oh, no～～

海莉

理財，從買股票開始嗎？

Tips 先想一想，你想成為什麼樣的人？

史提夫幫海莉點一份晚餐，就帥氣地先回公司了。

Bye bye ~

史提夫

海莉邊吃著輕食，一邊繼續和奈提博士聊理財。

奈提博士，我應該要怎麼開始學習投資啊？

海莉

投資只是理財的一部分，理財其實包含了六大範疇。

奈提

理財規畫的六大範疇

❶ 金錢管理：個人理財規畫、儲蓄、撫養、信用管理等。
❷ 投資：投資工具、投資風險、投資組合、金融商品等。
❸ 保險：人生風險、保險需求、風險轉嫁等。
❹ 稅務：所得稅、遺產、贈與、財產移轉等。
❺ 退休：員工福利制度、職災法規、退休需求等。
❻ 信託：遺囑信託、安養信託、子女保障信託等。

每個階段有不同需求，像小資族就建議先從金錢管理開始。那麼海莉妳為什麼想要開始學習理財呢？

嗯…應該就是想要財富自由之類的吧。

奈提

海莉

這個答案很好，但這是理財的目標，不是動機。

理財先理心，理財是一個長期的過程，你需要強而有力的信念來支持。

試著從改變身分認同開始，先專注思考你要成為什麼樣的人，再想該如何達成目標。

結果（目標）
過程
身分認同

行為改變的三個層次

《原子習慣》一書當中提到，行為改變有三個層次 (左圖)，三層次各有用處，重點在於改變的順序。

由於行為往往會反映身分認同，因此先改變身分認同才能帶來持久的效果。當你相信自己是個善於理財的人時，你就能逐漸做出妥善管理財務的行為。

由身分認同出發帶來的行為改變，較為持久且有效。

現在再想想，除了想要財富自由，妳還想成為什麼樣的人呢？

嗯…我想要成為能帶給家人幸福的人。

奈提　海莉

太棒了，很棒的身分認同！以後每週五晚上，我們就開始理財課程吧！

奈提

身分認同的例子

許多年輕時愛購物的人，在成為父母之後，就改變了喜歡亂買東西的習慣。

除了因為生活產生改變以外，更重要的是，他認同自己成為父母的角色。

所以購物時，自然而然會以小孩的需要為主。

這份資料妳先帶回家看，下回我們一起討論。

海莉回到家，迫不及待地打開了資料夾。

是什麼祕笈嗎？

海莉

祕笈：90 秒理財 Q&A

Q1 沒有錢，也能理財嗎？

許多人以為，等自己變有錢了，再來投資理財，但是事實上，如果你不開始理財，就永遠不會變有錢。

Q2 開始理財的最佳時機？

開始理財的最佳時機是十年前，其次是現在。越早開始理財，就越容易達成財務目標。然而，即使你已晚了一步，只要開始正視你的財務狀況，理財永遠不嫌晚。

Q3 不同時期的理財需求？

理財需要針對人生不同的階段，來進行考慮。單身時期、結婚有小孩時期、退休之前的理財規畫都會很不相同，你得時時檢視，並進行調整。

Q4 有完美的理財方法嗎？

理財有相對有效的方向可以遵循，但每個人狀況不同，並沒有一種完美的理財方法能適用每個人。

Q5 學理財，該怎麼開始？

最經濟的學習方式就是閱讀。網路上雖然有許多資訊，但終究不比書籍完整。盡可能挑選大師撰寫的經典書籍，不要選擇「某某技術帶你大賺多少％」的理財童話故事。

Q6 錢越多，就越幸福嗎？

金錢是追求「幸福」的一種工具，它就像開車旅行所需的汽油，你絕不希望在旅途當中遇到沒油的窘境，但也不會整趟旅行只逛加油站。

LOVE 咖啡館

奈提

> 史提夫剛剛是不是沒有付錢就走了？

理財也要 SMART

Tips 用「SMART原則」制定具體的理財目標

星期五晚上，海莉下班後，就到 LOVE 咖啡館報到。

奈提博士，看完上次的資料，我還是覺得理財有點遙遠。

海莉

會感覺遙遠，有時是因為不知道自己要往哪裡去。

奈提

太有慧根了吧！

我知道了，要設定目標，就可以更快到達終點。

海莉

那麼海莉，妳的理財目標是什麼？

我想成為能為家人帶來幸福的人，所以讓家人幸福就是我的目標。

心態對了，但是目標可以更具體一點。

具體的目標可以幫助我們制定理財計畫，更有效率地往結果前進。

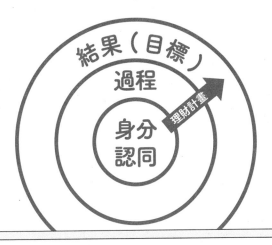

管理學大師——彼得·杜拉克，提出一套目標制定的方法，叫做
「SMART 原則」，適合應用在設定財務目標上。

SMART 理財原則

S 具體的
Specific ：要能夠具體說明這筆錢的用途。

M 可衡量的
Measurable ：要設定確切的金額。

A 可達成的
Achievable ：金額是可以達成的，不能好高騖遠。

R 有相關性
Relevant ：要與你目前的狀況相關。

T 有時效性的
Time-bound ：要有合理的達成時間。

舉例1：想存一筆緊急預備金，約6個月的薪水

S 　**具體的：**存一筆緊急預備金，用來應對緊急財務需求。

M 　**可衡量的：**6個月的薪水，約18萬元。

A 　**可達成的：**目前每個月可以存1萬元。

R 　**有相關性：**目前生活有餘裕，可優先準備緊急預備金。

T 　**有時效性的：**預計一年半存到18萬元。

舉例2：存一筆出國旅費，大約5萬

S 　**具體的：**明年春天計畫去日本旅行。

M 　**可衡量的：**日本自由行旅費大約5萬元。

A 　**可達成的：**距離明年春天還有10個月，每個月存5,000元，不足的部分可以提撥年終獎金補足。

R 　**有相關性：**出國旅行是我的興趣。

T 　**有時效性的：**預計10個月後存到5萬元，其中一部分會在8個月後先支付機票及飯店費用。

財務目標不一定只有一個，你也可以同時制定不同的目標，然後分項逐步完成。

回家路上…

那我就先以存到12萬元為短期目標吧！

唉？錢包沒錢了！

海莉

設定你的短期理財目標

S 具體的：

M 可衡量的：

A 可達成的：

R 有相關性：

T 有時效性的：

第二章

打造
金錢管理系統

脫離月光族，
100％成功的存錢＋記帳術！

難易度	★★☆☆☆☆
重要性	★★★★★★

如何記帳，才不會半途而廢？

Tips 七大支出記帳法＋載具歸戶小幫手

因為身上沒錢，海莉只好走路回家，路上接到表姊克拉拉的電話。

海莉決定開始記帳，一開始很勤勞，把每筆消費都記得很清楚。

但隨著漏記的帳愈來愈多，不到兩週，海莉就放棄了。

> 姊，我居然窮到沒有錢搭公車，只好走路回家。

海莉

> 真是個不折不扣的月光族耶，妳該開始記帳啦。

克拉拉

⬤ 兄弟姊妹群組

> 表姊，我記帳記得零零落落，感覺根本在浪費時間。

克

> 要有毅力、養成習慣，記帳是理財的基本功耶。

布

> 唉唷，記帳會越記越窮啦，每天看妳姊記帳，也沒有比較有錢啊。

> 姊夫，表姊會生氣喔～

克

> 阿布你再說一次試試看！

布

> 我說的是事實啊～

克拉拉氣不過，決定和海莉一起去請教奈提博士。

博士，這是我的表姊克拉拉。

博士你好。

嗨，克拉拉。

海莉

克拉拉

奈提

博士，我花很多時間記帳，卻沒什麼用，記帳是不是真的會愈記愈窮？

記帳是很好的開始，重點是要持之以恆。

最難的就是持之以恆了。

妳必須先將帳目分類，才能快速地記好帳。

海莉

奈提

我們可以把花費初步分為：

基礎支出
需要的支出
食、衣、住、行等日常生活開銷。

品質支出
想要的支出
育、樂等提升生活品質，不花也影響不大的花費。

再展開成為七大支出…

如何區分需要和想要？

需要或想要的定義，並非只是單純地用取得的物品或服務來分類。

舉例來說，吃一頓營養均衡的外食，是需要；但是吃一客牛排，或是聚餐，可能是想要。

七大支出記帳法

基礎支出

❶ 食：每日三餐、外食、食材等。

❷ 衣：治裝、基礎化妝保養品、理髮等。

❸ 住：居住費用、水電瓦斯網路、日用品等。

❹ 行：汽機車保養、交通、油資等等。

品質支出

❺ 育：進修、課程、書籍、健身等。

❻ 樂：零食飲料、娛樂費用、聚餐、旅行等。

❼ 其他：非常態性支出，記錄在此並在備註欄註明。

選擇能夠自訂支出類別，以及能夠分帳戶的記帳軟體或App。

食物
衣服
自訂

紙本的帳簿也是好選擇，只要能夠確實記錄即可。

記帳時，只要判斷屬於那一個類別，記下金額即可，不需要每一項都記錄細節。

食物
105元

「其他」類別

主要記錄特殊及非常態性支出，並在備註欄簡單記錄細節，例如：

❶ 買樂透

❷ 高級餐廳用餐

❸ 捐款

❹ 寵物醫療費

開始記帳的第一個月，不需要刻意節省，重點是忠實記錄消費習慣，才能獲得有效的資訊。

理財是逐步改善的過程，第一步，就從記帳開始吧！

奈提

博士，我還有個問題想請教你。

我已經在記帳了，但還是沒能存下多少錢，是不是沒有做到什麼呢？

克拉拉

記帳之後，妳是否有核對手上的資產，和帳目有沒有一致呢？

沒有耶…我就只是記下來而已…

奈提

有效記帳的三大關鍵

只記流水帳是不行的，記帳要有效，還需要做到這三件事情：

奈提

① 核對金額　　**②** 分析帳目　　**③** 修改分類

❶ 核對金額

每個月結束時，都要核對 App 中
的餘額，和自己帳戶中的餘額是
否一致。

核對金額，才能檢查是否漏記帳
目。

現金
1,005
元

1,000

⑤

❷ 分析帳目

在七大支出記帳法中，已經把需
要及想要考慮進去了。

這頓晚餐
是「需要」

這時候只需要判斷非常態的花費
即可，找出「其實不需要」的支
出。

我買這個幹麼？

❸ 修改記帳分類

記了一個月的帳之後，
我們應該已經清楚，自
己的常態花費有哪些。

你可以沿用七大支出記帳法，也
可以依照自己的生活方式，合併、
增添或刪除一些類別，讓記帳更
貼近自己的生活。

克拉拉記帳法

某些 App 有子分類的設計，可視需要使用，但不要分太細，造成記帳的不便。

只要依照上面的建議，記帳一定會有效。

奈提

表姊，這樣一來，妳就可以跟姊夫說，記帳還是很有用的。

海莉

對，我剛剛買了算盤，晚上來告訴他正確的「記帳方法」！

克拉拉

記帳的三個階段

觀察期

記帳目的：觀察

還沒有設定預算的階段，透過記錄與觀察，了解自己的消費習慣，作為設定預算的參考。

適應期

記帳目的：管理

此階段已經設定好預算，有系統地持續記帳，讓自己在預算內適應新的消費模式。

穩定期

記帳目的：提醒

消費模式固定之後，只需記錄大額支出，確保沒有超出預算太多，逐步達成財務目標。

奈提博士的記帳分類法

奈提博士沿用七大支出記帳法，設計出屬於他的記帳分類法。

類別	項目
生活（食）	三餐、零食飲料、生活用品、醫療、社交
衣物（衣）	治裝、理髮
居住（住）	房租（貸）、水電瓦斯、月租費
交通（行）	大眾交通、汽油、保養
教育（育）	書籍、課程、健身
娛樂（樂）	聚餐、娛樂活動
奉獻	什一奉獻、捐獻
年度支出	旅行、家電、禮金、年費、大額醫藥費
其他	未歸類、漏記項目

我的記帳分類法

沿用七大支出記帳法，設計你專屬的記帳分類法。

類別	項目

記帳指數測量表

請在與你情況相符的「散財症狀」前面打勾，一個勾為1分。如果你的總分超過3分，別懷疑，你需要開始記帳：

☐ 不知道錢包或帳戶裡有多少錢。

☐ 不知道下個月信用卡帳單要繳多少。

☐ 有收入，但是月光族。

☐ 有短期負債（如信貸/卡債）。

☐ 不清楚自己的消費習慣。

☐ 覺得自己有存錢，但存款很少。

☐ 常常無意識地花錢。

☐ 想要加速存錢。

☐ 每個月的支出很不穩定。

我的總分：＿＿＿＿＿＿＿＿分

小資族的記帳撇步

❶ **固定時間記帳**：例如固定在晚餐後或睡前記帳。若能在消費後隨手記帳，更不容易漏記。

❷ **固定支付工具**：固定使用某些支付工具來支付某些消費，例如：使用悠遊卡搭乘大眾交通工具，只需要在儲值時記錄交通費即可。

❸ **善用銀行App、信用卡帳單**：如果你忘記記帳，可以用銀行App、信用卡帳單來查詢交易明細，有些App甚至會自動幫你分類消費項目（例如：台新Richart、MOZE、麻布記帳等App）。

❹ **下載財政部電子發票載具App**：使用「載具歸戶」功能，可以將各種消費統一記錄到這個App，還可以增加中獎機率。

打造預算系統

Tips 先儲蓄，再支出，向富人學習編預算！

海莉決定使用七大支出記帳法來記帳，在 App 中設定好分類系統後，記帳變得輕鬆多了。

記帳時只要隨手用 App 記下，不需要每次都詳細記錄細節。

食物
52 元

很棒！接下來我們來談談，如何編列合理的預算，妳要同時參考這三件事：

❶ 平均收入
❷ 儲蓄目標
❸ 消費習慣

奈提

還記得你在本書第29頁設定的儲蓄目標嗎？用月收入減去每月儲蓄目標，就是每月預算的上限。

先儲蓄，再支出，這就是我們常說的「富人公式」。知道每個月的總預算上限之後，接著參考記帳資料，判斷這樣的目標是否合理。

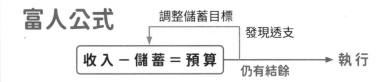

富人公式

調整儲蓄目標

發現透支

收入－儲蓄＝預算 →執行

仍有結餘

海莉的財務目標

月收入：35,000元
目標：一年後存到12萬元
每月儲蓄目標：10,000元
每月總預算：25,000元

總預算為25,000元，接下來開始檢視，哪些支出能夠再節省？

海莉的七大支出記帳

主分類	子分類	支出	備註	小計
食	三餐	6,329		6,329
衣	衣服	3,358		5,338
	化妝品	1,980		
住	房租	10,000		11,407
	水電瓦斯	808		
	電話費	599		
行	油資	880		1,180
	悠遊卡	300		
育	健身房	699		699
樂	娛樂	698		2,080
	聚餐	1,382		
其他	其他	2,198	團購	4,947
		549	表弟禮物	
		2,200	同事結婚禮金	
Total				**31,980元**

噢！我上個月的總支出居然接近32,000元。

海莉

看起來妳花很多錢買衣服，而且其他費用也偏高。

奈提

還有化妝品啦。現在網路購物太方便，同事又常常揪團購和聚餐，很容易就花太多錢…

海莉

其實妳的大宗消費大多來自品質支出，代表妳很有機會能存更多錢喔。

奈提

知道這些資訊，我們就可以用總預算當作基礎，為每一個支出類別設定預算。

■ 食物
■ 衣服
■ 交通

設定時，每個類別的預算，都以百位數作為單位，才不會太複雜。

食物預算 5,487元
衣服預算 9,527元

海莉的預算

主分類	上月支出	新預算
食	6,329	6,000
衣	5,338	2,000
住	11,407	11,500
行	1,180	1,200
育	699	700
樂	2,080	2,000
其他	4,947	1,600
Total	**31,980元**	**25,000元**

制定完預算之後，
海莉心滿意足地回去了。
然而，真的會這麼順利嗎？

博士，byebye~~

海莉

如何避免亂花錢？❶

制定預算之後，海莉每次花錢時，都會先思索這筆錢是「需要」還是「想要」。

需要

想要

省錢好像並不困難嘛！

海莉

時間一久，有時遇到想買的東西，海莉就會挪用預算。

之後少吃一點就好了，順便減肥。

海莉

犯規了一次，就會有第二次，到了月底，那些無法節省的支出還是得要支付。

$

結果還是爆預算了⋯

海莉

啊，博士我失敗了啦！

LOVE

奈提

妳是不是把所有的錢，都放在同一個帳戶裡？

雖然有制定預算，但如果把錢都放在同一個帳戶，預算之間的界線就很薄弱。

總預算 25,000 元

蚵蟲？
海莉

咦，博士你怎麼知道？

除了設定預算之外，我們還需要建立明確的界線：帳戶理財法，是一個有效的方法。

帳戶理財法

❶ 開立不同帳戶（或子帳戶）
❷ 指定每個帳戶的用途
❸ 專款專用

每個月一發薪水，就把薪水按照預算轉帳到指定的帳戶，就能為預算建立明確的界線。

行
交通
樂
娛樂
住
房租

除了各種用途的帳戶外，還需要指定一個儲蓄帳戶，這個帳戶的錢只進不出。

我可以挪用別的帳戶裡的錢嗎？

海莉

奈提

原則上不行，專款專用是帳戶理財法的精髓，除非妳已經沒有錢生活了。

理財是一個逐步改善的過程，如果已經執行專款專用，錢卻時常不夠用，就要調整預算。

給「設定預算」三個月試用期，逐步完善你的理財系統，就像去新公司上班一樣。

7月
8月
9月

最好的狀況，是在月底的最後一週，就開始計算自己每天還能花多少錢。

這樣讓人感到有一點點不舒服的預算額度，就是最好的預算。

原來好的預算額度，是要讓人感覺有一點點不舒服，那就跟老闆一樣嘛！

海莉

哈啾~!!!!

史提夫

用「理財金三角」設定預算額度

如果你在制定總預算額度時，仍然沒有方向，你可以參考美國研究統計所獲得的經驗法則「理財金三角」，將你的總收入分為3個部分來進行預算分配，再透過七大記帳法，整理出適合自己的個人化預算系統。

理財金三角包含以下3個部分：

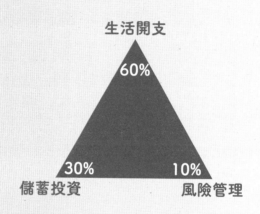

A. 生活開支：占總收入60%

・生活開支（包含食衣住行育樂），建議不超過總收入的60%。

・其中，居住支出建議占總收入30%以下，最多不超過35%。

・如果開支超過建議的比例，就要找出財務漏洞，或增加收入。

B. 儲蓄＋投資：占總收入30%

・建議儲蓄率保持在30%以上為佳。

C. 風險管理（保險）：占總收入10%

・保險不是越多越好，建議每年繳交的保費，不要超過收入的10%。

六個罐子理財法

六個罐子（帳戶）理財法，出自哈福·艾克（T. Harv Eker）《有錢人想的和你不一樣》（*Secrets of the Millionaire Mind*）一書。他將總收入分配為以下6個罐子（帳戶）：

罐子1：財務自由帳戶（占總收入10%）

· 此帳戶是用於準備退休金，每個月投資薪水的10%在穩健的標的上。
· 退休前絕對不可動用。
· 隨著薪資變高，應增加投入比例。

罐子2：生活需求帳戶（占總收入50%）

· 包含食衣住行的生活開銷，以收入的50%作為上限。
· 此帳戶並未包含風險管理費用，我建議計入保險支出後，比例可以彈性增加至55%。

罐子3：長期儲蓄帳戶（占總收入10%）

· 此帳戶是用於準備緊急預備金，用活存或定存來儲蓄。

・緊急預備金準備完成後，可存一筆完成中長期目標的錢，例如：長途旅行、出國留學、結婚基金、小孩的教育基金等等。

罐子4：娛樂帳戶（占總收入10%）

・每個月都要花完娛樂帳戶的錢，讓省錢與花錢達到平衡。

・如果單筆支出超過預算，表示你還沒有資格享受這項娛樂，要想辦法增加收入。

罐子5：教育帳戶（占總收入10%）

・此帳戶是用於讓自己變得更好，例如：書籍、課程、健身房費用等等。

・「投資自己」才是最好的投資，如果這個月沒花到這筆錢，請放進長期儲蓄帳戶或財富自由帳戶。

罐子6：奉獻帳戶（占總收入10%）

・此帳戶是用於幫助別人或支持你的信仰，這也是獲得快樂的一種方式。

・如果生活需求帳戶不夠，可以將奉獻帳戶的預算減少至5%，生活需求帳戶增加至55%。

◉最重要的事：專款專用

六個罐子理財法平衡了「外在物質需求」及「內在精神需求」。你可以自行調整比例，但盡量不要刪掉某一個罐子，並嚴格遵守專款專用的精神，才能讓你的理財計畫走得平衡、長遠。

如何避免亂花錢？❷

Tips 提高動用儲蓄帳戶的門檻

海莉執行了三個月的預算試用期，逐漸將自己的生活和預算達成平衡。

帳戶理財法的效果出奇地好，海莉看到帳戶快沒有錢了，花錢就會比較節制。

NO!

海莉要不要一起團購？

就在看起來一切都很美好的時候，週年慶來了。

我逛一下，買點小東西就好。

海莉

但海莉一回神，手上已經多了好幾個袋子，辛辛苦苦存下的6萬元，一下子就少了一半。

我是誰？
我在哪？

海莉一回家就開始後悔⋯

結果還是爆預算了⋯

海莉

到了週末，她硬著頭皮前往LOVE咖啡館，史提夫也在那裡。

海莉

老闆，
你也在啊。

海莉把在週年慶失心瘋的故事說了一遍…

史提夫

好歹我也是股東，
妳今天怎麼了，一臉尷尬的樣子？

史提夫

妳這個不是失心瘋，
是遇到魔神仔吧？

博士，你看他啦！

果然週年慶是許多女生的罩門啊，還記得妳在領錢的時候，心裡想什麼嗎？

我在想，儲蓄帳戶裡還有錢，用一點點應該沒關係。

奈提

海莉

這是很常見的不良習慣，當你把儲蓄帳戶的提款卡帶在身上，就很容易動用裡面的錢。

因此，你需要對儲蓄帳戶進行「尤利西斯約定」。

尤利西斯
（荷馬史詩人物）

尤利西斯約定

尤利西斯乘船準備經過海妖所在的海域，這些海妖會唱出迷惑人的歌聲，受到迷惑的船員會被吸引而觸礁。

尤利西斯想要聽海妖的歌聲，又擔心被迷惑，於是叫船員用蠟將耳朵封住，只有自己不封。又叫人把自己綁起來，並且立下了約定：「無論自己怎麼哀求，都不能鬆綁。」最後尤利西斯聽見了歌聲，一行人也順利通過了那片海域。

理財的尤利西斯約定

先儲蓄

先付錢給自己

在發薪日的隔天，就先把錢存進儲蓄帳戶，其他才是能動用的錢。（收入 - 儲蓄 = 支出）

不帶卡

藏好提款卡

把儲蓄帳戶的提款卡藏起來，或乾脆不申請，就能確實地執行儲蓄。

放定存

定期存款

定存的利息雖低，但因為解約就會失去利息，就可以限制我們動用這筆錢。

克服亂花錢最好的方法，就是增加動用這筆錢的門檻。

奈提

這樣一來，我們在動用之前就會多想一想，說不定就打消花錢的念頭了。

錢都花了，也不能退貨，我倒是有一個好方法。

史提夫

老闆你又變帥了！

海莉

通常年底公司會最忙，準備瘋狂領加班費吧！

海莉

救命啊！

如何避免亂花錢？❸

Tips 利用簽帳金融卡限制支出

雖然已經習慣了新預算，但海莉發現自己在月初發薪水的時候，錢花得比較兇。而每個月的最後一週，生活都過得有點辛苦。

月初 ┊ 月底

月初大膽花！

月底吃土！

海莉

我每個月底都好辛苦，但是又不想放寬預算…

海莉

妳可以把薪水分成四份，每週發薪水給自己。

奈提

資源豐富的時候，我們會因為輕忽而隨意使用。

一旦資源變得匱乏，我們就會變得比較珍惜。

有研究指出，我們天生會放大自己所缺乏的事物。

缺　乏

匱乏實驗

在一項行為經濟學研究中，受試者被限制只能吃僅僅維持生命的食物。這些人除了變瘦，對食物相關資訊也變得特別在意。

另一項研究則讓兒童憑記憶估計硬幣的大小，結果指出，窮小孩更容易高估硬幣的尺寸。

這些研究都指出，我們會將注意力放在這些匱乏的東西之上，並且放大它們的價值。

如果能刻意製造一個「輕微缺乏」的環境，讓帳戶的錢隱而不見，就比較會謹慎花錢。

輕微缺乏？是要常常餓肚子嗎？

吃貨　崩潰

海莉

預算沒有改變，只是技巧性地把錢藏起來，並妥善分配每個周期能使用的錢。

常使用現金的人，就規定自己只在每週日提領一週的預算，就不會因為錢包裡有錢就想花。

一週提領
一次

如果是常用行動支付的人呢？

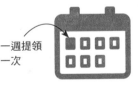

我會建議綁定簽帳金融卡（Debit Card），並且透過數位帳戶隨時知道餘額。

奈提

海莉

由於 Debit 卡只能刷主帳戶裡的額度，就能透過限制主帳戶的金額來控制支出。

此時有子帳戶功能的數位帳戶，就是我們的好幫手。

帳戶 1	帳戶 2	帳戶 3

你可以增加中旬、下旬的子帳戶，每個月薪水一下來，就把每旬的預算，分別轉進不同的子帳戶中。

上旬 子帳戶	中旬 子帳戶	下旬 子帳戶

為何使用旬作為單位？

一旬為 10 天，上旬、中旬、下旬分別由每月 1 號、11 號、21 號開始。

每個月不一定都從星期日開始，但一定從 1 號開始，使用旬作為周期，會比較有規律。

每到一旬的開始，才能把子帳戶的錢轉進主帳戶，規定自己只能花這些錢。

8月11日

中旬 子帳戶 → 主帳戶

把預算的周期縮短，這樣一來，就能夠限制自己花錢的欲望。

8月18日

帳戶快沒錢了，再撐三天！

Soho 族的子帳戶管理法

對於每個月收入不固定的 Soho 族或自由工作者，也可以用子帳戶管理法，發薪水給自己。設定好每月固定的花費，再透過自動轉帳功能，固定發每個月或每旬的薪水給自己，就不會賺得多就花得多，賺得少的時候反而捉襟見肘。

真・無痛存錢法

Tips 利用網路銀行打造自動化存錢系統

阿布在網路上看到了365天存錢法，試了2個禮拜後，覺得是一個好方法。

自從學會了膝蓋記帳法以後，我也開始存錢了。

很好，為了我們的將來，你也得好好學會理財才行。

但是好景不常，一個月後，阿布就放棄365天存錢法。

真麻煩，乾脆買雙護膝，跪算盤時就不會痛了。

克拉拉覺得不行，決定帶阿布一起去咖啡館上理財課。

不准穿護膝！

博士，這是我老公阿布，他最近嘗試365天存錢法，但一下子就放棄了。

哎呀，那個真的很麻煩⋯

365天存錢法是一種趣味存錢法，類似的還有52週存錢法，或者星期存錢法。

趣味存錢法

❶ **365天存錢法**：第一天存1元，第二天存2元，依此類推。可依照順序存，也可自行安排哪一天要存多少錢，存進去後就把該數字劃掉。妥善調配存錢順序可以避免年底負擔過重的問題。一年可存66,795元。

❷ **52週存錢法**：第一週存10元，第二週存20元…直到第52週存520元。也可以自行調配順序，以避免年底負擔過重。一年可存13,780元。

❸ **星期存錢法**：星期一存10元、星期二存20元，依此類推，星期日需存70元。下一週的開始，再繼續星期一存10元的循環。只要記得今天是星期幾就能執行，比較不費心力。一年約可存14,560元。

趣味存錢法雖然能勾起我們存錢的興趣，但需要意志力。

而存錢失敗最重要的原因，是因為我們的意志力逐漸下滑。

糟糕了，這傢伙超怕麻煩，意志力也有點薄弱。

如果有一種方法，不需要依賴意志力也能存錢就好了。

我追你的時候很堅定好嗎？

虐我千百遍，
待妳如初戀欸~

克拉拉

阿布

其實是有的，最好的方法，就是建立自動化存錢系統。

奈提

自動化存錢系統

養成一項習慣最好的方式是降低執行的門檻，能用最少的力氣來達成目標。

對儲蓄而言，透過自動轉帳，直接跳過「思考要不要存錢」的步驟，就更容易存到錢。

很多網路銀行都有設定子帳戶的功能，一個主帳戶可以設定多個子帳戶。

再運用預約轉帳功能（大部分可以預約一整年），將主帳戶的錢分配到子帳戶。

將自動轉帳的時間設定在發薪水的當天或第二天。

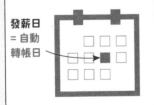

發薪日
＝自動
轉帳日

一年只需要設定一次即可，年初可以考量生活的變化，決定今年的自動儲蓄額度。

因為自動化讓我們看不到錢，就不會猶豫這個月要不要多留一點錢用來消費。

（叮）儲蓄帳戶收到10,000元！

你將會逐漸將心態調整為，扣掉儲蓄後，每個月剩下的額度才是可以花的錢。

每個月只有 25,000 可用

建立好自動化存錢系統，就能讓我們更容易存到錢。

隔天下午

> 老公，我已經幫你設定自動轉帳了喔。

克拉拉

> 我的帳戶就是你的儲蓄帳戶啊，有問題嗎？

還有你昨天說的初戀是怎麼回事？

克拉拉

> 難得喔，這麼貼心？可是我還沒有申請儲蓄帳戶啊。

阿布

設定自動轉帳存錢帳戶

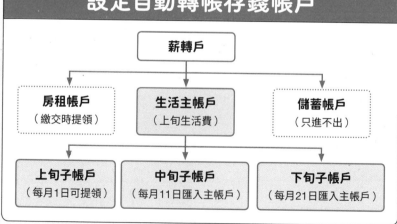

```
                    薪轉戶
         ┌────────────┼────────────┐
         ▼            ▼            ▼
     房租帳戶      生活主帳戶       儲蓄帳戶
   （繳交時提領）  （上旬生活費）   （只進不出）
         ┌────────────┼────────────┐
         ▼            ▼            ▼
     上旬子帳戶     中旬子帳戶      下旬子帳戶
   （每月1日可提領）（每月11日匯入主帳戶）（每月21日匯入主帳戶）
```

第三章

金錢管理
就是
生活管理

生活品質和儲蓄目標，
不用二選一！

難易度	★★★☆☆
重要性	★★★★★

明明有加薪，為什麼存不到錢？

Tips 增加的開銷，只限1/2加薪額度

終於度過忙碌的年底，海莉領了不少加班費。

史提夫也幫海莉加薪2,000元，海莉突然覺得自己變有錢了。

感恩老大～
讚嘆老大～

海莉，妳看起來很開心，發生什麼好事嗎？

奈提

想提高開銷預算嗎？別急，先聽我說說史提夫以前的故事。

爆料時間～

奈提

博士，我加薪了！我想過更好的生活。

海莉

史提夫以前每次加薪，就覺得自己可以負擔更多的開銷。先是買遊戲機，又貸款買車，吃飯也逐漸不看價錢。

每一年他都過得更舒服，但存下來的錢愈來愈少。

這樣的狀態，被稱為「金錢的帕金森效應」。

奈提

帕金森效應

只要還有時間，我們總會憑空生出許多額外的工作，來填滿時間，即使這些工作並不重要。

金錢的帕金森效應

只要還有餘額，我們總會憑空生出許多額外的花費，來填滿預算，即使這些花費並不需要。

這些額外花費可能被用來提升生活品質，但更常被胡亂花掉，甚至比加薪的幅度還多。

而且，當我們提升開銷後，還會遇到另一個狀況：棘輪效應。

棘輪效應

棘輪是單一方向的齒輪，只能朝同一個方向轉動。借指人的消費習慣具有不可逆性，容易向上調整，卻很難向下調整。「由儉入奢易，由奢入儉難」即是說明這件事。

另一個我們很常忽視的理財陷阱，就是高單價物品的「配套效應」。

配套效應

又稱「狄德羅效應」，當你擁有一個高單價的奢侈品，為了匹配它，你會傾向逐步升級周邊的物品或配備，結果花更多錢。

史提夫當時常去高級餐廳，就想要搭配高檔的衣服，也換了名牌手錶。

為了追求品味，他花了不少錢。但是這些，在他投資失利之後，就全部都化為烏有。

可能是痛定思痛吧，他創業之後，就不再花錢在無謂的品味之上。

但是博士，真的不能犒賞一下自己嗎？

奈提　海莉

加薪後想要增加預算來激勵自己，是人之常情。

我的建議是，增加的預算應該以加薪額度的一半為上限。

1/2

例如加薪2,000元，就允許自己每個月可以多花1,000元，另一半則存下來。

1/2 花用

1/2 儲蓄

加薪時先設定好自動轉帳，讓自己每個月自動儲蓄的額度，比以前多1,000元。

當然，如果能存更多，累積資產的速度會更快。

100% 儲蓄

平衡生活與儲蓄，慢慢吃棉花糖。

奈提

欸，才講到史提夫，電話就來了。

奈提，我妹娜娜上個月搬到咖啡館附近工作，也是月光族，改天叫她去找你。

史提夫

哎呀，看來這裡即將要熱鬧起來了。

奈提

應該說是吵鬧吧…

海莉

每天一杯拿鐵，致富離你更遠？

Tips 拿鐵因子 ✕ 有意識消費

娜娜是史提夫的妹妹，工作剛滿一年的菜鳥。

是不折不扣的月光族。

月底吃土

< 87　屎提夫臭老哥

> 好心的大爺行行好，救救老殘窮～
>
> 已讀

妳是腦殘窮吧，先去LOVE咖啡館吃飯，我之後再去結帳。

> 豪～～謝謝葛格～～～
>
> 已讀

妳每天少喝一杯拿鐵，就能存到錢，累積10年甚至可以買一輛車。

你不也常常吃大餐，還好意思說我，啊你的車呢？

娜娜覺得反擊成功，到LOVE咖啡館跟奈提博士分享剛剛的勝利。

不讀不回？史提夫無話可說了吧～

封妳為吵架王！不過史提夫說得沒錯，算算看，如果每天都喝一杯 150 元的拿鐵，一年會花多少錢？

不需要 90 秒，我掐指一算，是 54,750 元。

奈提

娜娜

這些讓我們漏財的事物，又叫做「拿鐵因子」。

拿鐵因子

出自美國理財作家大衛‧巴哈（David Bach）的著作。泛指生活中不一定能帶來實質幫助，卻因為習慣而反覆支出的花費。

拿鐵因子通常是生活中的盲點，需要透過檢視來發現。

發現生活中的拿鐵因子

慣性支出
檢視生活中你已經習慣，卻非必要的支出
比方說每天一杯高價品牌咖啡、珍珠奶茶、外送服務費，或者未限制額度的遊戲支出。

被動支出
使用頻率低，卻持續繳款的非必要支出
比方說很少使用的付費電影電視頻道、音樂串流服務、訂閱服務、健身房月費等等。

娜娜

我買的音樂串流都沒在用，這是一種拿鐵因子吧？

奈提

沒錯，妳可以再找找看其他屬於自己的「珍奶因子」或「訂閱因子」。

一兩項拿鐵因子影響不大，但許多的拿鐵因子加起來，就形成可觀的「長尾效應」。

長尾效應

在足夠大的銷售通路中，不只熱門商品能賺錢，少量多樣的冷門商品只要種類夠多，也能夠帶來極大的銷售總收入。

理財的長尾效應

不只大額開銷會影響總花費，單價較低的小額花費只要數量夠多，也能累積極大的花費。

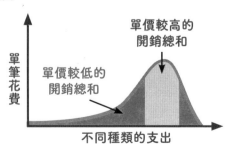

199 元的月費看起來不起眼，但十個類似的月費就很可觀。

因此「有意識消費」非常重要。

奈提

有意識消費？要怎麼做？

娜娜

第一步，回到區分「需要」及「想要」，如果這杯拿鐵能讓你工作更有效率，那就喝吧！

需要 想要

第二步，把錢花在你真心喜愛的事物上，減少那些對你沒有幫助的支出。

有意識消費不是要你變成吝嗇鬼，而是在預算內，把錢花在那些能讓自己感到快樂的事物上。

非必要，又不能為自己帶來快樂的消費，就不要花錢。

此筆消費不核准！

衝動購物則是意識模糊的消費，時常造成浪費。

我什麼時候買的？

克服衝動購物

❶ 把想買的東西先放在購物車，至少3天。

❷ 思考這樣東西是需要還是想要，會不會經常使用。

❸ 給自己一個可隨意購物的預算，沒超過預算就買吧！

找出拿鐵因子，並且有意識地消費，可以讓我們花錢更有效率。

奈提

剛剛不該嗆老哥的，趕快跟他說這個觀念，讓他買車載我去玩～

叮咚～

娜娜

< 78　　屎提夫臭老哥

已讀　你不也常常吃大餐，還好意思說我，啊你的車呢？

我的車在我家樓下啊，怎麼了窮鬼？

有錢了不起啊！

啊我的手機～～

只是想試用，莫名其妙就買了

Tips 認清商人用什麼技巧讓你買？

珍妮佛是GoodBuy百貨保養品專櫃的推銷員，她的任務是推銷保養品。

珍妮佛

這時，遠遠地有路人走過來。

珍妮佛在腦中快速複習著，老闆傑森昨天傳授的6招推銷連續技。

奧義！

傑森流話術！

來看看有什麼新的保養品。

海莉

肥羊來了！

珍妮佛

接下來的劇情應該會是這樣…
（珍妮佛在腦中沙盤推演銷售流程）

珍妮佛

**第一式
得寸進尺**

以小禮物為誘因，先請客人填寫問卷，再開始後面的推銷。

得寸進尺效應

先提供較容易被接受的提案，等對方接受之後，再提供更進一步的方案。

謝謝妳，請跟我來，我拿小禮物給妳。

妳的皮膚有點乾，我們先來保養一下。

**第二式
羊群效應**

這是我們家賣最好的乳霜，有很多女生都指定這款，一帶就是 12 瓶。

羊群效應

借指盲目從眾的行為，認為大家都認同的東西，或大家都在做的某一件事，一定有道理，當中可能有自己不知道的資訊。

第三式
價格錨定

這麼受歡迎，
感覺很厲害。

海莉

對啊。這瓶原價 3,999 元，
一次帶 12 瓶打 85 折，只要
40,790 元。

珍妮佛

價格錨定

人們會過度偏重第一個取得的資訊。

商品價格與原價的落差，會影響你對商品的預期價格。如果最終售價比原價低，消費者就容易購買。

第四式
互惠原則

我一下無法拿出那麼
多錢，我得想一想。

海莉

不然再試試看這瓶
小分子保溼精華液。

這瓶能讓妳皮膚變光滑。
我先幫妳去角質。

嘖嘖嘖，看妳
臉皮滿薄的～

好像真的耶！

這瓶也賣得很好喔，原價 1,999 元，帶 12 瓶算 85 折給妳，只要 20,390 元。

珍妮佛

我得再想想。

她剛剛都幫我服務了，真不好意思拒絕。

海莉

互惠原則

互惠是人類的本能，大部分人對於別人給的恩惠，會本能地想要回饋對方。

在試用過程中，店員的服務與餽贈，除了讓客戶真正了解產品本身以外，也會增加顧客的購買動機。

第五式
當下謬誤

這樣吧，我幫妳問店長能不能更優惠？

珍妮佛

我們店長剛剛說，現在婦女節優惠，就是要給客人最多折扣～

剛剛的價錢再幫妳打 8 折，等於 68 折，只要 16,312 元，活動只到今天喔！

當下謬誤

出現時間壓力的時候，比如：限時特賣、難得的機會，我們會因為時間壓力而匆忙決定。

第六式
免費贈送

哇～好划算！

海莉

最後再加送妳三
堂護膚體驗課程。

我買！

珍妮佛

免費的吸引力

0元不只是一個價格，更是誘發情感的快捷鍵。贈品或免運費的促銷手法，就是為了讓你買下商品。

哼哼哼，等等就用老闆傳授的
那幾招，她一定招架不住！

讓她買，讓她買！

珍妮佛

海莉慢慢走過來。

小姐，幫我填個問卷拿
小禮物好嗎？

珍妮佛

海莉

珍妮佛

不要！

海莉

年終獎金怎麼花？

Tips ▶ 認清心理帳戶，固定儲蓄比例

農曆新年前，海莉領到人生第一筆年終獎金，她非常興奮，決定好好犒賞自己。

海莉計畫把獎金的一半用來買保養品，外加吃一頓大餐，慰勞自己一年的辛勞。

大年初三，海莉去克拉拉家拜年，阿布和朋友出去了。

> 新年快樂！

> 表姊，這是我媽媽給妳的紅包。

海莉

> 謝謝！阿姨真好，我媽媽也有準備紅包給妳。

克拉拉

兩人打開紅包，紅包裡都是2,000元。

媽媽們真的很有默契耶～

今年刮刮樂最大獎是賓士轎車，共10名…（電視播報聲）

> 咦，阿布打電話來。

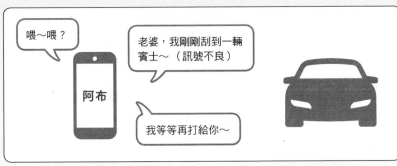

喂～喂？

老婆，我剛剛刮到一輛賓士～（訊號不良）

阿布

我等等再打給你～

阿布說他刮中一輛賓士耶！

噢，好幸運！

克拉拉

海莉

我們也不能輸，一起去買刮刮樂吧！

GO！

克拉拉

海莉

兩人跑到彩券行，用所有壓歲錢買刮刮樂，海莉只刮中500元。

500

那我再買一張好了～

想當然，第二張也槓龜。

果然…我沒有偏財運…

習慣了啦～

海莉

克拉拉則是第一輪就刮中3,000元。

贏要衝，輸要縮～

克拉拉

克拉拉決定把得到的獎金，全部再拿去買刮刮樂。最後，當然是什麼也不剩。

哎呀，反正這2,000元是壓歲錢，輸光也無所謂。

回家路上，兩人看見LOVE咖啡館的燈光還亮著。

咖啡廳居然有開！博士都不休息嗎？我們去跟博士拜年吧。

好啊～

克拉拉　　**海莉**

博士，新年快樂，你居然在店裡！我想請問，年終獎金應該怎麼花比較好？

我只是來拿東西…

海莉　　**奈提**

海莉把自己年終獎金的計畫，還有買刮刮樂卻空手而回的事情，和奈提博士分享。

依我看，妳們都受到「心理帳戶」的影響喔～

奈提

心理帳戶

我們會將手上的錢分類，並依分類的特性，決定處理這筆錢的態度。

但是從理性的角度思考，一塊錢就是一塊錢，錢的價值不會因為來源或用途有所改變。

3種金錢的心理帳戶

我們會依照下面三種要素，來分類金錢。

❶ **金錢的來源**：人類對於不同來源的金錢，會有不同的消費傾向。比起薪水，我們更容易把獎金花在不必要的開銷上。

❷ **金錢的用途**：不同的金錢用途，也會影響我們花錢的態度。例如用在生活上的金錢，會傾向錙銖必較。被指定為娛樂用途的金錢，則很容易花掉。

❸ **花費的對象**：面對不同的對象，花錢的態度也會不同。平常省吃儉用的人，可能會對愛人或小孩不惜重金。

❶ 金錢的來源
像海莉的年終獎金，由於是一次性發放，會讓人感覺是一筆額外進帳。

我們很容易就將這筆錢歸類在享樂帳戶，輕易地把錢花光。

但如果這筆獎金平均加進月薪，我們便會將這筆錢用在日常生活，甚至儲蓄起來。

壓歲錢也是額外獲得的金錢，即使輸光了，也不會有太大的失落感。

❷ 金錢的用途

買名牌包毫不手軟的人，卻可能覺得一個要價60元的可頌麵包很貴。

因為他的心理帳戶中，買名牌包的錢已經被指定用途，使得他給予食物的額度沒那麼高。

❸ 花費的對象

對自己很節儉的人，卻願意給小孩最好的東西，即使看似浪費也不可惜。

但是，心理帳戶是不理性的，因為一塊錢，就是一塊錢，價值並沒有不同。

我們可以事先計畫好獎金的用途，每次花錢都記得判斷是需要還是想要。

制定好規則，把固定比例的年終獎金先存起來，其餘的犒賞自己。

這樣一來，就能有計畫地花費，讓你更靠近財務目標。

那麼博士，我應該如何分配年終獎金呢？

我建議至少先存下一半。

海莉

奈提

另一半用來支付保險費、必要的年費，剩下的再犒賞自己。

保險費
必要年費 → 娛樂

事先分配好，就比較不會花光。

奈提

克拉拉一回到家，就看見阿布。

你回來啦～今天的刮刮樂英雄。

什麼英雄？我闖禍了。

咦？你不是刮中賓士嗎？

克拉拉

對啊，我正要跟你說

阿布

我剛剛騎車不小心刮到別人的賓士。

阿布

你死定了！

克拉拉

不吉利的是你！

大過年的不要講不吉利的話～

阿布

過度省錢是一種病

Tips 避免節儉疲勞，才能存下更多錢

新年新希望，過完農曆年，娜娜決定要好好存錢。

本肥宅要成為省錢王！

娜娜

學會「先儲蓄」的觀念後，娜娜求快心切，在發薪日就預先存下薪水的60%。

 60%

娜娜的儲蓄計畫表（儲蓄率 60%）

收入：35,000元	儲蓄：21,000元
預算分類	預算額度
食	3,000
衣	500
住	9,000
行	1,000
育	0
樂	500
Total	14,000元

每個月扣除9,000元房租，娜娜只剩下5,000元可用。
為了省錢，娜娜時常來回跑不同的賣場比價，以求買到最便宜的東西。

每次購物完都省下不少錢，但是
回到家之後，娜娜只想要休息。

她想好好充實自己，卻總是斷斷
續續，沒有效率。

就這樣過了難熬的一個月，娜娜
開始對比價感到厭煩。

又過了兩週，娜娜算一算，發現
之後的幾天不管怎麼省錢，都會
超過預算。

負能量終於大爆發。

管他的！本肥
宅要吃大餐，
買新衣服！

娜娜

娜娜把儲蓄帳戶裡的錢全部提出
來，決定不再省錢。

到了月底，娜娜又沒錢
吃飯了，只好一大早就
到咖啡館求救。

博士我要豪華套餐～　　　　妳好意思？

過分節省可能產生的後遺症

❶ 感到很不快樂，想要結束過度節儉的生活。
❷ 對理財失去興趣，不想觸碰任何有關財務的問題。
❸ 容易衝動購物。
❹ 出現「管他的效應」。

管他的效應

當你決定打破限制的時候，就會出現「管他的，反正都已經破戒了，就盡情花錢吧！」的想法。

真的耶，我那時候真的說出「管他的」三個字～

娜娜

看來妳把自己逼得太緊，陷入「節儉疲勞」嘍。

但可以不要這麼極端嗎？

奈提

掌握生活與儲蓄的平衡，才能長久地執行理財計畫。

避免節儉疲勞，你可以做的三件事

❶ 規畫合理的預算：還是要滿足最基本的需求，預算太少會讓你的生活遇到困難。

❷ 娛樂不可少：不可忽略「娛樂預算」，這筆錢你可以開心花用，來取得生活的平衡。建議以收入的10% 為基準。

❸ 創造新體驗：過度節儉反而會減少體驗或學習的機會，適當地花費在良好的體驗上，可以為生活帶來更多創造力。

我建議，妳可以參考本書第二章「理財金三角」原則，將儲蓄率設定為30%，而非60%。

奈提

並將妳的儲蓄計畫表修改成下面這樣：

生活開支
60%

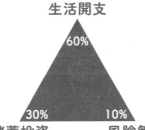

30% 10%
儲蓄投資 風險管理

娜娜的儲蓄計畫表（儲蓄率30%）

收入：35,000元	儲蓄投資：10,500元
預算分類	預算額度
生活開支（食、衣、行）	12,000
生活開支（住）	9,000
風險管理	3,500
Total	24,500元

該花的錢還是要花，以免產生反效果。

如果發現已經無法再節流，就要想辦法增加收入。

那我得換高薪工作啦，明天就辭職！

喂，不要衝動啊！

娜娜

奈提

此時，阿布和克拉拉一起走進咖啡館。

用時間成本衡量購物成本

時間是最重要的資產之一，花費過多時間來省錢，得不償失。把盲目比價的時間，用來投資自己、創造新收入，其實更划算。計算時薪可以大致知道你的時間成本，並且應用在下面兩種情境：

❶ 把時間換成金錢：思考要額外花時間來省錢，是否划算？

❷ 把金錢換成時間：購買某樣物品時，思考你要花多少時間工作才能買下它，這樣是否划算？

購物成本計算表

用年薪除以一年的總工時(含通勤時間)，算出你真正的時薪：

· 我的年薪：＿＿＿＿＿＿＿＿元

· 我一整年工作加通勤大約花費 ＿＿＿＿＿ 小時

· 我的時薪：＿＿＿＿＿＿＿＿元／小時

用時薪來衡量想購買的物品，要花多少時間工作才能買下：

· 想購買＿＿＿＿＿，價值約＿＿＿＿＿元，換算需要工作＿＿＿＿小時

· 想購買＿＿＿＿＿，價值約＿＿＿＿＿元，換算需要工作＿＿＿＿小時

阿布的緊急預備金

Tips 考慮年齡＋人力＋醫療三因子

阿布和克拉拉進到咖啡館，兩人的臉上滿是煩惱。

原來阿布的長輩出車禍，為了支付醫藥費，他只好賣掉手上套牢的股票，虧損很多錢。

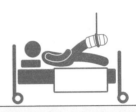

長輩復健期間的醫療用品，又讓阿布花了不少錢。

奇怪的是，兩人在核對花費時，發現刷卡的清單中，有不少自己的東西。

除了幫長輩買輔具，他們也為自己添購營養品，阿布甚至買了一台遊戲機。

阿布陸陸續續地刷卡，累積一筆不小的卡費。

好險克拉拉也有收入，兩人才不至於陷入困境。

只是接下來幾個月，都要繳交分期付款的卡費。

那陣子都沒有記帳，錢直接花下去，沒在看價錢。

阿布

看來你們遇到財務亂流了。

奈提

財務亂流

生活中的突發狀況會使大腦的負荷變大，讓我們感覺失去控制權，開始暫時放棄理財，意志力也變得薄弱。一旦陷入亂流，「管他的效應」就容易出現。

付出額外花費之後，我們會為自己找藉口，或者直接把花費算進突發狀況的支出中。

真的，那段時間阿布總想著長輩需要照顧，刷卡就毫不手軟。

那台遊戲機，也沒看你玩幾次。

克拉拉

反正都花那麼多錢了，就順便買一些自己的東西。

阿布

博士，我們要怎麼避開財務亂流呢？

阿布

 首先，遇到突發狀況時，要調整你的心態。因為我們的生活，時常依循著「費斯汀格法則」。

奈提

費斯汀格法則

生活中的事件，10%來自於發生在你身上的事情，另外90%則來自於你對事情所做出的反應。

舉例來說，財務亂流發生後，長輩的醫療開支就是其中的10%，不必要的額外花費則是另外的90%。

一旦遇到財務亂流，你必須靜下心來，再次檢視自己的預算規畫。

此外，你還需要準備一筆「緊急預備金」。

緊急預備金

又稱「安全存款」，當你遇到突發狀況（急用、失業、意外等）時，可以動用的一筆錢。這筆錢必須：

❶ 可以隨時提領。

❷ 不能投入投資市場。

❸ 存放在安全性高的地方，如銀行的高利活存、定存等。

所以，那位想辭職的，妳準備好預備金了嗎？

噗，躺著也中槍…

奈提

娜娜

這筆錢非常重要，我建議儲蓄的第一目標就是先準備緊急預備金。

緊急預備金要準備多少錢才夠呢？

阿布

針對不同生活型態、年齡，有不同的建議。

奈提

不同族群的緊急預備金建議

單身族群：至少6個月的生活費，或3～6個月的月薪。

雙薪家庭：無小孩▶至少6個月的生活費，或3～6個月的月薪。
　　　　　　有小孩▶至少12個月的生活費，或6～12個月的月薪。

單薪家庭：至少12個月的生活費，或6～12個月的月薪。

以上只是建議，最重要的是準備一筆你認為「安心」的金額。

緊急預備金攸關我們的生活，如果沒有準備好，就可能像阿布一樣，必須贖回套牢的資金，承擔虧損。

有些家庭甚至因為沒有準備預備金，不得不借貸，而陷入貧窮。

緊急預備金，就像是財務的降落傘。

當你的經濟突然出狀況時，它可以成為救命法寶。

奈提

哼哼，等我存夠緊急預備金，就要跟老闆提離職！

娜娜

考慮 3 因子，訂出自己的緊急預備金！

前文緊急預備金的建議額度只是參考，仍須視每個人的需求來制定，你可以透過下面三個層面來思考：

❶ **年齡因子**：緊急預備金額度的主要依據，是「平均待業時間」。根據統計，一般人失業後平均會待業6個月。隨著年齡增長，平均待業時間可能會更長，因此需要更多預備金。

❷ **人力因子**：家庭人口愈多、擁有收入的家人愈少，就會需要準備更多預備金以及保險。

❸ **醫療因子**：長者的預備金以醫療支出為主，雖然保險能負擔一部分的醫療費用，但若需要墊付醫藥費，或其他自費項目，就必須準備更多預備金。

意外到來前的準備

Tips 購買保險的三大原則

奈提：對了，阿布，長輩有保意外險嗎？

阿布：有，還好有保險，之後可以申請理賠。

克拉拉：博士，保險好像很重要，能不能教我們一些知識呢？

保險最重要的目的，就是支付少量的金錢來轉嫁風險。

克拉拉：什麼樣的風險需要被轉嫁呢？

奈提：那些妳負擔不起的風險，就是需要保險的項目。

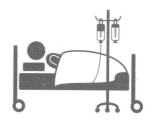

比如：
無法承擔的醫療與看護費用、
傷病期間失去的收入、
身故後小孩的撫養金等等。

如果妳想了解並購買保險，我建議參考以下三大原則。

奈提

保險不是慈善事業，我們應該將保險費視作支出，不要有想賺錢或回本的想法。

投資型、儲蓄型或還本型的保險，通常保障並不足夠。

 投資型

 儲蓄型

還本型

一旦發生意外，可能無法順利轉嫁風險。

購買純粹的保險，才能用經濟實惠的價格獲得足夠的保障額度。

足夠保障

保險第一原則

重保障，輕儲蓄。
購買純粹的「純保險」。

保險第二原則

先定期，後終身。

終身險居然是不推薦的，記得小時候，媽媽就有幫我保終身醫療險。

克拉拉

那你要好好感謝家人，因為終身險的保費，通常相當高昂。

奈提

保險費的計算，很大一部分是根據機率而來。

長者生病、罹癌或過世的機率較高，也因此，保費會隨著年齡逐漸提高。

!?

而終身險就是將晚年較高的保險費用攤回到年輕時，所以整體的保費會較高。

一般小資族幾乎不可能將需要的保險都用終身險的方式投保。

$

定期險則大部分是一年一約，年輕人的保險費也較低，是小資族可以考慮的方案。

2022年

2023年

2024年

但定期險除了保費隨年紀逐年調漲外，另一個缺點是，年紀大時可能被拒保。

2022年
2032年
2052年

可以考慮購買較低額度的終身險（主約），搭配定期險（附約），來滿足低保費，又有足夠保障的需求。

建議小資族避開的險種

高保費、低保障的險種，通常都有以下關鍵字：

「終身型」、「還本型」、「儲蓄型」、「投資型」，

在尋求保障時，請優先避開這些險種。

保險第三原則

雙十原則。
純保險的額度最少為年收入的10倍，每年保險費最多為年收入的十分之一。

假如海莉的年收入為50萬元，我建議保額至少500萬元，每年繳交最多5萬元的保險費。

最低保額：50 萬 × 10 = 500 萬
保費上限：50 萬 ÷ 10 = 5 萬

這是一個小資族可以參考的基礎原則，但還需要視個人狀況進行調整。

如果是有家庭的人，或是有長輩或小孩要扶養的族群，就需要提高主要經濟提供者的保險。

以免一旦發生意外，家庭陷入經濟困境。

人生中會遇到許多風險，擁有足夠的保障，是理財的重要步驟。

奈提

人身六大保險 + 社會責任險介紹

	險種	類型	主要轉嫁的風險
	壽險	定期/終身	貸款、小孩撫養費用、喪葬費用
優先投保 1	意外險	意外身故/失能	貸款、小孩撫養費用、失能或殘疾生活費
		意外醫療實支實付型	(因意外) 醫療費用
		意外日額給付型	(因意外) 住院費用、看護、無法上班之薪資損失
優先投保 2	癌症險	一次給付型	罹癌之醫療費用
		醫療過程型	
	重大傷病險	重大疾病險/特定傷病險/重大傷病卡	重大傷病之大額醫藥費用
優先投保 3	醫療險	實支實付型	醫療費用
		日額給付型	住院費用、看護、無法上班之薪資損失
	長照/失能險	長期看護險/殘扶險	失能/殘疾所需之生活及看護費用
優先投保 4	社會責任險	汽/機車強制險	事故中他人受傷所需之賠償費用
		第三人責任險	彌補強制險保障的不足

我的保險清單

記錄你購買的保險種類

險種	類型	保險名稱	額度	保費
意外險(範例)	意外身故/失能	A公司 好險友你意外險	_____萬元	_____元

小資族該買哪些保險？

Tips 四個優先投保的建議

博士，像我們這樣的上班族，要怎麼開始規畫保險呢？

克拉拉

首先，評估風險帶來的資金缺口，輔以雙十理論作為保險費上限的參考。

最低保額：年收入×10

保費上限：年收入÷10

尚未結婚的小資族，保險的主要對象是自己，以不拖累家人為主要目的。

優先投保❶

意外險

無論你是否為家庭的經濟支柱，意外險都是相對重要的保險。

對任何人來說，發生重殘帶來的資金缺口都是相當可觀的。

因此意外致殘的保障需求，可能比起身故理賠更重要。

除了目前已停售的失能險外，意外險也能提供失能的給付。若因意外造成失能，便可依失能程度獲得保險給付。

我建議小資族可以依據需求，將意外險逐漸投保至 500~1,000 萬元的額度。

奈提

建議優先查詢任職公司是否有團體保險，或尋找產物保險的意外險，通常保費比人壽保險更便宜。

團體保險 → 產物保險 > 人壽保險

要留意的是，意外險隨著職業類別不同，保費也會有所不同。

因此當你改變職業類別時，必須向保險公司申請變更，以免發生意外時不予核保。

更新職業別

還有什麼優先投保的建議呢？

克拉拉

優先投保❷
癌症險及
重大傷病險

罹患癌症所造成的資金缺口相當可觀。

投保癌症險時，最理想的是在初次罹患「原位癌」後「一次給付」。這樣在需要用錢時，便能獲得理賠。

目前許多癌症險保單，是依照初期、輕度、重度「分段給付」，在投保時，要留意保險的理賠細節。

一次給付 ＞ 分段給付

優先投保❸
實支實付
醫療險

當生病需要支付大筆醫藥費時，可以獲得理賠。

醫療險的主要保障項目有：病房費、醫療雜費、手術費。

優先選擇採用概括式條款的險種，即超過全民健保給付之住院醫療費用，便可理賠。

注意一定要以健保身分就醫，並且由醫生診斷必須住院或手術，才可啟動實支實付醫療險。

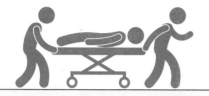

申請時要有醫療費用收據，正本只會有一份。

如果必須要正本醫療收據才可理賠的保險，就只能挑一家理賠。可副本理賠的保險，就沒有限制。

優先投保❹
社會責任險

特別注意要
加保第三人責任險。

擁有汽機車的小資族，除了法律規定必須保的強制險之外，第三人責任險也不可少。

第三人責任險

當發生交通意外導致第三人死亡或受傷，強制險不夠支付的部分，便可由第三人責任險來理賠。

這種因為意外過失而出現的資金缺口，也需要預防，建議投保額度1,000萬元以上。

發生車禍的時候，一定要報警處理，才能由保險公司進行後續理賠。

然而，如果是駕駛本人受傷，第三人責任險不會理賠。因此我們仍須要意外險的保障。

此外，如果酒駕，保險公司也不理賠。

以上四種保險是對小資族而言，相對實惠的險種，建議優先考慮。

奈提

購買保險的五大偏誤

❶ **不明白爲何保險**：盤點自身狀況，才能將保費花在刀口上。

❷ **不了解保單內容**：了解理賠的條件與範圍，才能獲得有效的保障。

❸ **不好意思拒絕親友**：視自身的經濟狀況購買保險，若是超出經濟能力，就需要委婉拒絕擔任保險業務員的親友。

❹ **沒有評估經濟狀況**：以雙十原則作為基礎，確保保費花在實際需要的地方。

❺ **想要把保險費領回**：投資歸投資，保險歸保險，應當把保險視為支出，不要將其視作獲利的工具。

買車行不行？

Tips 買車及養車的花費

娜娜離開咖啡館，史提夫和妻子安在門口等她。

安姐姐～
（抱）

史提夫一直欺負我！

我愛取負她～

很壞喔～

娜娜　史提夫　安

不過這輛車好帥！等我存夠錢，也要買車，常常出去玩。同事們都用貸款買車，我好像也負擔得起。

娜娜

娜娜，擁有車其實很花錢喔～

安

不用羨慕別人。要毀掉一個剛出社會的小資族，最好的辦法，就是幫她付買車的頭期款。

而且妳不是自稱肥宅嗎？

史提夫

肥宅也想買車出門玩好嗎？

娜娜

老婆，妳手機裡有我們去年的帳目，給娜娜看一下我們在車子上花多少錢。

找到了，在這！

史提夫

史提夫的車，排氣量2,000c.c.，一年的花費是：

固定	牌照稅	燃料稅	車位租金
	11,230元	6,210元	28,800元
不固定	維修保養	汽油	其他
	18,520元	35,654元	7,562元
總計	107,976 元／年		
月平均	8,998 元／月		

光是養車，我們每個月就要花將近9,000 元。還不包含假日出遊，多出來的花費喔。

安

養車竟然這麼貴！

娜娜

記得史提夫之前投資失利嗎？當時他賣車換現金，後來為了工作又買一台車。

因為本金不夠，我們只能辦車貸，分兩年攤還，每個月都要付14,000元。

這讓我們將近一年幾乎沒有存到錢。

那什麼時候才可以買車啊？

我們可以用以下兩個層面來評估。

你在 cosplay 奈提博士嗎？

史提夫

娜娜

購買汽車的判斷依據

❶ **汽車可以帶來現金流嗎？** 如果汽車是生財工具，能帶來正的現金流，則可視為資產。若只是娛樂使用，則帶來負的現金流，妨礙你累積真正的資產，是負資產。

❷ **需要還是想要？** 記得奈提博士常說的，需要跟想要嗎？如果工作的地方很偏遠，開車可以更有效率；或者需要接送家人與小孩，那麼就需要買車。如果只是想買，沒有必要性，就是想要。

每個人狀況不同，思維也完全不同。評估買車的必要性時，可以想像一個天平。

工作需求
家庭需求
通勤時間
居住地點

持有車子的費用

如果你工作或家庭必須用車,或者通勤花太多時間,就可以考慮買車。

如果只是為了出去玩方便,建議再評估。

不需要每天用車的人,選擇搭計程車,說不定比買車更省。

但若經濟狀況允許,擁有一輛車的確可以創造不少體驗,而體驗是無法量化的。

建議小資族努力增加收入,等到足以負擔,或有實際需求時,再考慮買車。

養車與存錢通常無法兼顧,買車之前要仔細評估。

史提夫

就封你為奈提博士模仿冠軍了!

掌聲～啪啪啪啪啪啪!

娜娜

唔,怎麼突然好冷～

奈提

房租占多少才合理？

Tips 30%原則 × 可支配所得

因為租約快到期，阿布和克拉拉開始尋找新的租屋處。克拉拉一直嚮往住在市中心，但阿布認為市中心的房租太貴了。

想住市中心！

CP值不夠高！

克拉拉

阿布

為此兩人發生爭執，他們決定到 LOVE 咖啡館，請教奈提博士。

克拉拉這回沒有說服阿布，真令人意外。

市中心的房租確實有點貴，但我真的滿想住那一帶。博士，房租花多少錢才合理呢？

奈提

克拉拉

一般建議居住成本的上限，大約是家庭總收入的30％，最多不要超過35％。

< 30%

居住成本

在金錢管理的觀點上，房租、房貸、管理費，都算為「居住成本」，屬於現金流的穩定流出。

水電瓦斯可以歸類在居住成本，或是生活支出。

我和阿布每月實領薪水加起來大約 10 萬元，這樣房租預算上限是 3 萬元！

市中心我來了～

克拉拉

但上次長輩出車禍花不少錢，要省一點，接下來還要存錢買房⋯

阿布

30% 只是建議比率，適用於一般小資族，但不一定適用所有族群。

< 30%

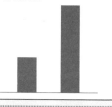

對想存錢的人而言，居住成本 30% 與 20% 相比，前者少存 10% 的薪水。

數十年下來，就可能帶來極大的差距。

因此，高收入族群，或者有明確儲蓄目標者，我建議用「可支配所得」來估算居住成本。

可支配所得

奈提

可支配所得（非官方定義）

我在此將「可支配所得」的定義簡化為「你實際上可以照自己想法使用的金錢」。也就是，薪水扣除稅金、社會保險（勞健保）、其他必須繳納的費用之後，再扣除無法調整的必要開銷，就是你的可支配所得。

可支配所得＝薪水 - 稅金 - 勞健保 - 必要費用 - 必要開銷

我們的薪水扣除所得稅及勞健保、保險，加起來總共實領 10 萬元。

阿布

各自負擔原生家庭的經濟共2萬元。

可支配所得剩下8萬元。

10萬-2萬
=8萬元

克拉拉

用可支配所得，估算房租上限

計算出自己的可支配所得後，扣除生活開銷 (透過記帳獲得)、儲蓄額度 (自己設定)，再留一點點緩衝，就能大略抓出居住成本上限，記得要計入水電瓦斯管理費。

阿布和克拉拉要存買房頭期款，每月3萬元。兩人的生活開銷大概每月2.5萬元。

居住成本壓縮到2.5萬元了…

8萬-3萬-2.5萬
=2.5萬元

克拉拉

我建議你們多留一些緩衝，先從2萬元的物件開始找吧。

奈提

管理費、維護費、家具等等，都可能衍生費用。預留緩衝，會更有餘裕。

兩種族群的居住成本

如果你是租屋族：租屋族可以直接用可支配所得抓出房租的上限，記得要準備押金，通常是2個月。

如果你是買房族：買房族要先算出每月能負擔的貸款，再推算要申請多少額度的貸款，最後衡量能準備的頭期款，推算出能買多少價位的房屋。記得要計入裝潢及家電的費用，留下一些緩衝空間，才不會太過吃緊。

這樣也好，我們趕快存錢，買一間自己的房子。

克拉拉

無論是繳房租或房貸，都要用「以終為始」的方式來思考。

先列出必要負擔及儲蓄目標，最後才決定居住成本。

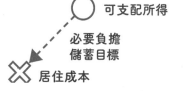

可支配所得
必要負擔
儲蓄目標
居住成本

居住成本不容易隨時調整，因此需要仔細考慮。

海莉來電

咦？表妹打來～

克拉拉

我在 LOVE 咖啡館，妳要不要過來？

好，那我路上先用訊息問妳好了～

海莉

孝親費該怎麼給？

Tips ⟩ 35%原則 ✕ 先照顧好自己

原來海莉剛剛跟同學吃飯，她們討論到孝親費的話題。

海莉在捷運上，跟克拉拉傳著訊息。

不久海莉抵達咖啡館，並且把細節告訴大家。

⬤ **表姊**

> 表姊，我工作快一年，都沒有給家裡孝親費，是不是很不孝順啊？

> 我剛剛跟同學吃飯，她們都有給家裡錢耶～

> 莎拉阿姨不想增加妳的負擔，所以沒有跟妳要孝親費吧。

> 其實這樣很幸運呢～

> 我先準備下車，等等再跟妳說細節，也問問奈提博士的看法。

我大學學費也是家裡付的，所以不用還學貸，爸媽對我真的很不錯。

海莉

我同學阿丹每個月要給家裡2萬元，但他家其實沒有很缺錢。

阿布和我也各自要負擔家裡一部分房貸，還好我們負擔的起。

克拉拉

奈提博士，關於孝親費，你有什麼建議嗎？

海莉

奈提

大原則是，孝親費與居住支出相加，以收入的30%為限，最多不要超過35%。

但每個人家裡的狀況不同，因此還是要視個人與家庭的實際經濟狀況調整。

可依據是否負擔家計，以及是否住在家裡來思考，分為下表中四個象限。

奈提

	我住家裡	我不住家裡
我須分擔原生家庭的家計	給家裡的金錢不要超過收入的35%。	如果家計負擔＋居住支出超過收入的35%，就要嘗試提高收入。
我不須分擔原生家庭的家計	孝親費以收入的10%做為參考，最多不超過收入的30%。	孝親費以收入的10%做為參考，孝親費＋居住支出不要超過收入的30%。

阿丹真的很辛苦耶。

海莉

奈提

妳可以請阿丹算一算，給完孝親費他是否還能存錢，如果不行，就要減少孝親費的額度。

如果每月給孝親費覺得很辛苦，也可用紅包取代，在過年或特定節日給予，長輩反而比較開心。

可以嘗試向長輩坦承財務困難，讓長輩理解。

或者保留收入資訊，不要完全揭露你的收入。

溫柔且堅定地溝通，不要受到情緒勒索影響。

堅持到底，漸漸地，你就能建立好財務界線。

媽媽，妳覺得，我要給孝親費嗎？（海莉）

爸爸媽媽現在都還在工作，只要你常常陪我們就好。（莎拉太太）

別擔心，給予孝親費是為了愛，而不是因為害怕失去愛。

爸爸媽媽對我真好，我以後也會好好愛你們～（淚眼汪汪）（海莉）

喔對了，不跟妳拿孝親費是因為，妳的大學學費是爺爺出的。（莎拉太太）

原本幫妳準備的學費，都被我拿去養貓嘍～

小搜最可愛了～

把我的眼淚還來！（海莉）

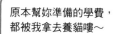

與家人的財務界線

當你遇到孝親費這個課題時，先思考兩件事：

❶ 家人是否確實有需求？

❷ 你是否能夠照顧好自己？

你不需要劃清界線，但是要建立界線。如果你有類似問題，十方老師的《與家人的財務界線》一書，有許多實際案例，或許能幫助你。

一屁股債怎麼辦？

Tips 償還債務的八個步驟

週末下午，海莉前往理財課的路上，在咖啡館附近遇到一位女子，年約35歲。

女子臉色蒼白，走路不穩，海莉連忙攙扶她走進咖啡館，並且幫她倒一杯水。

先喝點水，妳看起來臉色很糟，身體不舒服嗎？

我好多了，應該是工作太累。

來，我幫妳泡杯鮮奶茶。

海莉　麗莎　奈提

真是謝謝你們，我叫麗莎，可能是因為沒吃東西，所以才突然頭暈。

從早上到現在都沒吃東西？

吃貨感到佩服！

麗莎　海莉

麗莎將她積欠債務，不得不兼兩份工作的事情告訴海莉和奈提。

負債應該讓妳感到很不舒服吧，或許我能提供一些建議。

奈提

太好了！我需要您的意見。

首先，負債族絕對不可增加新的負債。

如果沒有優先停止增加負債，之後無論如何儉省，都徒勞無功。

切記不要以債養債，要扎實地償還債務。

我的債務主要是卡債，目前已停止使用信用卡。

麗莎

接著，檢視是否有債務整合，降低利率的可能性。

最後，我要教妳償還債務的8個步驟：

奈提

償還債務的 8 個步驟

❶ **承認你有債務**：面對債務，不逃避，盡早開始行動。

❷ **整理你的債務**：把每一筆債務都列出來，依照利率的高低排序。

❸ **決定清償順序**：優先清償利率最高，或欠款最少的債務。

❹ **調整消費模式**：咬緊牙關，盡量節省開銷，盡可能把收入用來提前償還貸款。

❺ **準備少量預備金**：每個月存下 3 ～ 5% 的收入，目標存到 3 ～ 6 個月的緊急預備金，以避免突發狀況。

❻ **積極創造新收入**：除了節流以外，嘗試開源，打工或者兼職，製造多還一筆錢的可能。

❼ **以現金支付開銷**：盡量不要使用信用卡，使用現金或簽帳卡支付開銷。

❽ **慶祝勝利及分享成功**：找可信任的家人或朋友，和他分享你償還債務的里程碑，也可以給自己一點小獎勵。

優先償還哪一筆債務？

決定清償順序時，可依據利率的高低以及欠款額度來排序。

如果每一筆債務的利息都差不多，就先從欠款最少的那筆開始還起。如果有利息特別高的債務，就從利息高的開始還起。卡債的利率通常不低，要優先償還。

我當初鬼迷心竅，為了買名牌包，辦好幾張信用卡，弄得現在很狼狽。

麗莎

奈提

這張計畫表給妳，依照上面的步驟制定還款計畫，相信一定可以逐漸脫離債務問題。

開始還款計畫

如果你有債務，現在就照以下步驟行動：

❶ 利用以下表格，在 7 天內，把還款計畫規畫完畢。
❷ 漸進改變，持之以恆。
❸ 給自己一個還完債務的小獎勵。

我的還款行動

☐ 面對你的債務：把你的手放在心上，告訴自己，我將成為一個沒有惡性負債的人。

☐ 整理你的債務：將債務依照利率高低排列：

債務	利率 (%)	欠款額度	每月還款金額

☐ 決定清償順序：我要優先償還 _____ 債務，其餘的依照每月須支付的金額還款。

☐ 我每個月要準備 _____ 元，作為緊急預備金。

☐ 先償還一筆錢：我要進行 _____，創造新收入，這筆收入將優先用來償還債務。

☐ 我已經取消手上大部分的信用卡，以現金作為主要支付工具。

☐ 我預計花 _____ 個月，還完優先償還的那筆債務。

☐ 我預計花 _____ 個月，還完所有債務。

卡奴與他們的產地

Tips 合理使用信用卡

麗莎認真向兩人道謝一番，便回去了。

非常謝謝你們！

博士，為什麼使用信用卡會讓人花更多錢呢？

海莉

有研究指出，付錢的時候，我們大腦中掌管疼痛的區域會產生反應。

這種因為付錢而出現類似疼痛反應的狀況，我稱之為「花錢之痛」。

而花錢之痛，在我們使用實體貨幣付款時，更加明顯。

逃避痛苦是人的本能反應，因此，商人設計出許多幫助我們逃避痛苦的付款方式。

舉凡信用卡、手機支付，或是遊戲虛擬幣，都是減緩花錢之痛的產物。其中信用卡巧妙利用了三個陷阱。

信用卡的三個陷阱

❶ **不是真的錢**：信用卡是張塑膠卡片，讓人覺得這不是真的錢。

❷ **帳單時間差**：帳單隔月才會寄送，讓人覺得當下並沒有真的付款，減緩了付款的痛覺。

❸ **付款超快速**：使用信用卡付款的過程可能只有短短幾秒，一點感覺都沒有就完成付款。

海莉，如果妳用現金買一杯咖啡，會經歷那些流程？

奈提

我得先從錢包裡拿出現金，確認金額，交給店員，再等店員找錢，最後確認找錢是否正確。

手續很繁瑣，對嗎？如果用信用卡付帳呢？

奈提

海莉

只要拿出信用卡，嗶一聲就好了。

信用卡付款就像是為了逃避「花錢之痛」而使用的麻醉劑。

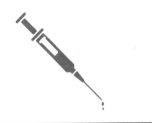

讓我們暴露在過度消費的危險中而不自知。

兩種卡債族

❶ 生存型卡債族：為了生活不得不借款，或因為家庭、事業變故而借款的族群。
❷ 消費型卡債族：因為理財不當，愛買奢侈品或消費超乎自己能力的族群。

麗莎應該屬於消費型卡債族。

海莉

避免淪為卡奴的 3 種行為

無論是哪一型卡債族，如果發生下列行為，就很有可能成為卡奴：

❶ 只繳最低應繳金額：未繳納的卡費，會以6～15%的循環利息計息。如果經濟狀況不佳，循環利息會越滾越大。

❷ 以卡養卡：以卡養卡意思是辦理另一張信用卡，透過預借現金，來償還上一張信用卡的債務。這將使你的債務變得更為複雜，增加你做出負面財務決策的風險。

❸ 過度使用分期付款：人類是健忘的，當新的月份開始時，很容易會忘記償還分期付款的債務。因此，我建議在經過仔細計畫後，才考慮合理的分期付款。

信用卡是一把兩面刃，端看你怎麼使用。

你若能支配信用卡，便可以成為紅利或優惠的獲利者。

你若被信用卡支配，則可能落入債務的惡性循環。

海莉：聽起來好可怕，這樣是不是不使用信用卡比較好？

奈提：合理使用信用卡，就可以避開危險。

合理使用信用卡的 5 個建議

❶ **信用卡是借貸**：許多人誤把刷卡額度當作自己的錢，但可用額度是指最多可以向銀行借多少錢。信用卡的花費應視為現金，每月開銷預算有多少才花多少 。

❷ **支付全額信用卡費**：不要只繳交最低額度，避免啟動循環利息。

❸ **三天購物車原則**：網路購物時，把商品放在購物車三天，避免發生衝動購物。

❹ **減少信用卡的管理成本**：有多張信用卡時，可統一繳款日期，或減少信用卡的數量。

❺ **使用簽帳卡**：由於像現金一樣當下支付，簽帳卡沒有遲繳卡費的問題，自然也不會有循環利率。

第四章

投資前
要知道的事

規畫保險+緊急預備金，
打造安全網！

難易度	★★★★☆☆
重要性	★★★★★★

投資前，要準備好的五件事

Tips 穩定現金流，打造投資防護罩

近來股市接連大漲幾個月，海莉無論走到哪裡，都聽見人們在談論股票。

這天上課前，海莉到LOVE咖啡館吃飯，又聽到旁邊的客人在談論股票。

我去年操作航運股賺了25%，看線型我覺得還會繼續漲，可以買一點看看。

我走存股路線，目標是存100張金融股。

但海莉因為以前胡亂投資、損失慘重，對股票一直有陰影。

海莉，我們準備進入下一個階段嘍。你是不是對於投資，還有一點遲疑呢？

奈提

海莉

博士你會讀心術？

進入投資市場之前，要先準備好五件事，以下我們逐一說明。

投資起點❶
擁有穩定的主動收入

擁有穩定收入，才能支持你持續投資。如果現金流不穩定，投資有可能被迫中斷，股票套牢時甚至得認賠出場，得不償失。

我想妳的收入應該還算穩定。

沒有好嗎？

還是妳快被開除了？

奈提

海莉

此外，小資族因為本金少，如果專注本業而獲得加薪，所獲得的收益可能比投資更多。

投資起點❷
用來投資的錢，須是閒錢

閒錢是指不影響正常生活的錢。不要將用於生活開支的錢拿去投資，否則在需要用錢時，只能賣股求現，認賠殺出。

想像現在你有一筆錢，計畫明年要出國旅遊。

但是錢擺著好浪費，把這筆錢拿去買股票，獲取更多收益，妳覺得如何？

奈提

海莉

投資如果有賺錢，去仙台就能吃更多牛舌，好像還不錯！

吃貨眼睛一亮！

但是沒有穩賺不賠的投資，如果明年這筆錢套牢50％呢？

那就只能等股票漲回來再去仙台。

或者改去三仙台？

才不要！

海莉

把未來要使用的錢放在投資市場，在需要用錢時，可能就得承受虧損。

投資可以虧損，但沒有牛舌就是不行！

眼神好堅定！

海莉　奈提

投資起點❸
已經準備好緊急預備金

緊急預備金是投資的防護罩。建議準備3～6個月的薪資，這筆錢只能放在活存或定存不能用來投資。

想像一下，當妳的投資都被套牢，這時妳突然被解雇……

史提夫納命來！

奈提　海莉

這時候妳為了生活，只能賣股求現、承受損失。

投資起點❹
先理債，再投資

高額利息的債務，建議及早攤還。房貸等利率較低的債務，只要現金流足夠支付，還是可以同時進行投資。

嗯，我沒有學貸，也沒有其他債務。

感謝爸媽～

海莉

看來妳前面四點都符合了，最後一點，也是對累積資產最有效的一點…

奈提

投資起點❺
專注投資自己

自己才是最好的投資。除了持續吸收投資知識，也應該不斷學習、增加專業實力，尋求更好的主動收入。

慎選學習對象也非常重要，千萬不要人云亦云。

我自創了一套農民曆投資法，想不想學？

以上5點可以同步準備，最重要的是保持穩定的現金流。

投資最好的時間點是10年前，其次是現在。

10年前

現在   1   不開始理財

2   3

及早開始，就能有足夠的時間，慢慢朝財務目標邁進。

看起來，海莉已經準備好嘍！

沒錯！

奈提   海莉

複利效應：威力媲美原子彈

Tips 投資獲得的利息，要繼續再投入

開始控制花費後，海莉逐漸存了一筆錢。

這天，她收到銀行的利息通知，發現只有170元，突然很沮喪。

利息
170元

才170元…

利息這麼少，看來要成為有錢人，還是很遙遠的夢想。

海莉

下班後，海莉跑到LOVE咖啡館，剛好阿布也在店裡。

LOVE

姊夫你也在啊～

博士，我覺得長期投資的資產累積速度好慢，是否應該做點短線操作？

阿布

奈提

你這幾年有持續定期投入新的資金嗎？

有啊，我每個月都會投入幾千元買股票。

阿布

不過每次發放股息，我就會把錢領出來，和克拉拉去旅行。

旅行很好，但如果想要更有效地累積資產，就要啟動複利的力量。

奈提

複利就是俗稱的利滾利，可以讓你更有效累積資產。

如果你每月投入的資金能讓總資產呈線性成長，那麼複利帶來的，將是指數性的成長。

單利與複利

單利：假設你在銀行存錢，銀行每年發給你利息，但你沒有將收到的利息再存入，因此本金不會改變，往後的利息也不會增加。

複利：假如你每年都把利息再存進銀行當本金，那麼本金會愈來愈多，往後每年獲得的利息也會逐漸增加。

複利的威力，又被譽為「世界第八大奇蹟」。

而讓複利產生威力的，是以下4個因子：

❶ 本金　❷ 報酬率　❸ 時間　❹ 額外投入

複利威力 4 因子

❶ 本金：只要本金夠大，即使報酬率較低，也能獲得足夠的收益。30萬的收益對本金1,000萬的人來說，只需要3%的報酬率，但對本金只有100萬的人而言，卻需要高達30%的報酬率。

❷ 報酬率：一般會使用年化報酬率來評估，報酬率越高，資產增加的速度就越快，但通常伴隨較高的風險。

❸ 時間：如果報酬率穩定為正，持續時間越長，就能累積更多資產，而且時間越到後面，複利的效果越巨大。

❹ 額外投入：除了原有的收益以外，若能將工作賺得的收入持續投入，資產累積的效果將會更快。

小資族通常沒有大額本金，也不建議投入高風險高報酬率的投資標的。

奈提

要獲得複利的力量，就必須不斷增加額外投入，像滾雪球一樣，持續投入所獲得的利息或收益。

時間是長期投資人的好朋友，越早開始，複利的威力就越大。以下例子可以說明提早投資的威力。

奈提

舉例來說，喬喬和安安是好朋友，
年齡與收入都差不多。

喬喬26歲開始投資，她在年化報酬率10%的投資標的上，每年投入12萬元。36歲後，她不再投入資金，只是繼續持有投資部位。**喬喬每年投入12萬元，10年共投入120萬元。**

安安則在36歲才驚覺要開始投資，她決定在相同標的上，每年投入20萬元。**安安每年投入20萬元，30年共投入600萬元。**

安安的總投入較多，但65歲時資產卻不及喬喬，這就是早10年投資的威力。

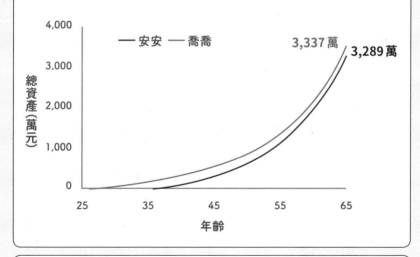

巴菲特說過，人生就像滾雪球。
而影響雪球大小的因素，是充
足的雪量（本金），以及夠長的
坡道（時間）。

巴比Q了～

這個觀念太重要了，為了發揮複利的威力，我決定再也不帶老婆去旅行！

阿布

祈禱你能活到複利發生威力的那一天。

是啊…

奈提　海莉

幾年才能存到 100 萬？

以下列出，每月存不同金額，每年投入一次在不同報酬率的標的上，要幾年才能達到100萬？

報酬率	3千元	5千元	8千元	1萬元	1.5萬元	2萬元	2.5萬元
1%	24.5	15.5	10	8	5.5	4.5	3.5
2%	22.5	14.5	9.5	8	5.5	4	3.5
3%	20.5	13.5	9.5	7.5	5.5	4	3.5
4%	19	13	9	7.5	5	4	3.5
5%	17.5	12.5	8.5	7	5	4	3.5
6%	16.5	12	8.5	7	5	4	3.5
7%	15.5	11.5	8	7	5	4	3
8%	15	11	8	6.5	5	4	3
9%	14	10.5	7.5	6.5	4.5	3.5	3
10%	13.5	10	7.5	6.5	4.5	3.5	3
12%	12.5	9.5	7	6	4.5	3.5	3
15%	11.5	8.5	6.5	5.5	4.5	3.5	3

單位：年

合理的投資報酬率是多少？

Tips 著名投資大師的長期績效

了解複利的威力後，海莉不再排斥投資，偶爾也會參與同事的投資話題。

這檔應該會漲 ...

我最近跟萊爾老師的單，老師還滿準的。

安東尼

他績效如何？

湯尼

他去年賺了 200%，只要學會他那套方法，年賺 50% 絕對沒問題。

安東尼

我最近也想訂閱投資達人的課程，據說可以年賺 30%。

湯尼

這麼厲害！這樣很快就能賺到很多錢耶。

海莉

週末海莉興匆匆跑到 LOVE 咖啡館，跟奈提博士說這件事。

在短時間內獲得高報酬，雖然有可能，但通常難以持久！

奈提

要長時間維持這麼高的年化報酬率，幾乎是不可能的任務。

所以這有很高的機率是詐騙，或者只是短期，甚至是不實的績效喔。

噢，差一點又被騙了。

妳知道世界上著名投資大師的年化報酬率是多少嗎？

我只認識巴菲特～

巴菲特被稱為「股神」，因為他擁有很好的投資績效。

他的年化報酬率大約是20%。

這樣一比，萊爾老師豈不是比股神更厲害？

真可疑！

是吧？

著名投資大師的長期績效

稱號	股神	超級投資人	股聖	標準普爾殺手
投資者	華倫・巴菲特	華特・許羅斯	彼得・林區	比爾・米勒
投資年間	52年 (1968～2019)	48年 (1955～2002)	14年 (1977～1990)	15年 (1991～2005)
年化報酬率	20.4%	15.3%	29.0%	14.6%

更適合用來評估合理報酬率的標的，是整體市場的投報率，可視為投資人的普遍成績。

以美國最大基金管理公司先鋒集團為例，該集團發行的指數型基金「VT」，成立至今年化報酬率約為7%。

VT

Vanguard Total Stock Market
全世界股票 ETF

這個數字，可以作為判斷報酬率的參考。

7%

雖然贏過大盤是許多投資人的目標，但根據統計，要長期贏過整體市場報酬率，相當不容易。

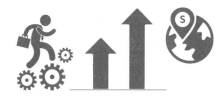

如果有人宣稱能獲得不合理的極高報酬率，務必謹慎看待。

跟著我，依照農民曆上的吉凶判斷買賣時機，穩賺30%。

極有可能是高風險的投資，或者是一場騙局。

了解合理的報酬率，是穩健投資的重要觀念。

奈提

市場先生的躁鬱症

Tips ▸ 養成不盯盤的習慣

開始投資之後,海莉時常在上班時偷偷看盤。

太棒了,一早開盤就賺 500 元!

但是沒多久,股價就開始走跌。

嗚嗚,倒賠 2,000 元…

中午,海莉一邊看著韓劇的女主角迫降,和持續下跌的股價,覺得自己的心情也迫降了。

海莉,妳也在看這部韓劇噢,那妳願意迫降在我心裡嗎?

安東尼

不要,我寧願直接墜機。

海莉

(In LOVE 咖啡館)

海莉,妳怎麼一臉哀怨?

LOVE

我上禮拜買了一檔股票,每天心情都隨著股價起起伏伏。

海莉

妳上班都在看盤對不對？

跟妳老闆打小報告喔～

奈提

對…

饒命！

海莉

這是常見的新手焦慮，會一直關注自己的投資狀況。

股市的波動除了與經濟的綜合表現有關，還很容易受到投資人情緒的影響。

想在股市中生存，首先你要理解，市場是不理性的。

而不理性帶來的波動，是小資族要面對的其中一項投資風險。

巴菲特的老師葛拉漢（Benjamin Graham），將市場比喻為擁有躁鬱症的「市場先生」。

市場先生

每逢開盤，市場先生就會來找你。

平時溫和的他，會不定時發病。

當他鬱症發作的時候…

市場先生

我好沮喪，手上的股票全部便宜賣你！

我難過…

當他躁症發作的時候…

市場先生

我願意出高價跟你買所有的股票！

Yo man～

不要被市場先生牽著鼻子走，要保持情緒的穩定，來看待市場的不理性。

要怎麼保持情緒穩定呢？

海莉

股市線圖就像韓劇的男主角，看起來很賞心悅目，一開始你還能保持冷靜。

安妞～

但當他開始對著妳跳熱舞，妳會怎樣？

奈提

噢！我要頭暈了～

同樣地，股市在上下起伏時，你會變得不夠冷靜。

盯盤會讓我們持續處於興奮狀態，導致「情緒」打敗「理性」。

此時，我們容易衝動，展開計畫外的買賣，或開始頻繁交易。

而且開盤時間通常是上班時間，盯盤會影響正職工作。

一心多用的狀況下，任何事情都做不好。

我建議，不要盯盤，專注本業，才能減少不理性的決策。

奈提

這樣也好，我就不用擔心偷看股票時老闆突然出現。

沒錯！

海莉

老闆突然出現，應該也是妳的投資風險之一吧…

奈提

價值投資

葛拉漢是價值投資大師，他提出市場先生的比喻，意指市場波動是受到整體投資人的情緒影響。如果你是價值投資者，你可以在市場恐慌時，估算公司的投資價值，積極買進被市場低估的股票。如果你想更了解價值投資，我建議閱讀《智慧型股票投資人》(繁體中文版由寰宇出版)。

6 個步驟，降低投資風險

Tips 準備緊急預備金 ╳ 創造多元收入

奈提：海莉，妳都怎麼預測老闆不在的時間呢？

海莉：他每天早上 10 點都要開會，我就可以趁機看盤。

妳曾經預測失準嗎？

目前沒有耶。

但這不代表老闆不會突然出現，只是還沒有發生而已。

投資市場也一樣，許多人宣稱自己憑著經驗或理論，掌握了市場先生的行為模式。

這就是投資的聖杯！

然而過去發生的事情，不見得還會在未來重複。

怎麼跟想像的不一樣？

這種不確定性，就是我們時常聽到的「風險」。

而未知的風險，常讓我們遭受重大損失。

舉例來說，被圈養的火雞並不知道自己會在感恩節這天失去性命。

上帝來接你了。

感恩節對火雞而言，就是未知的風險，也可以說是一場「黑天鵝事件」。

黑天鵝事件

泛指在我們意料以外，發生機率非常低，但影響甚鉅的事件。後來被用來隱喻意外事件。

2008 年次貸風暴、2020 年原油期貨的「負油價大屠殺」以及 COVID-19 疫情，都是典型的黑天鵝事件。

妳知道 COVID-19 疫情，曾經讓史提夫在短短兩週之內，損失數百萬元嗎？

好可怕！

奈提

海莉

他雖然損失慘重，但是因為工作沒有受到影響，所以還能維持生活水準。

史提夫

他的朋友戴夫採取和他類似的投資策略，卻一瞬間就破產。

同樣都是在投資市場上打滾多年的人，為什麼遇到黑天鵝事件，結局卻不同呢？

這是因為他們對風險的事前準備不同。

史提夫的收入很穩定，有準備充足的緊急預備金，加上他很早就開始投資，所以這次頂多只是把手上的錢賠光。

但戴夫是全職投資者，沒有額外收入。而且他的投資槓桿*比史提夫更高，因此風險帶來的破壞力更大。

*投資槓桿：透過借貸等方式，利用較少的資金操作較高金額的投資部位。

聽起來好可怕，那我們要怎麼避開風險？

投資者不可能避開所有風險，但可以降低風險帶來的傷害，以下我有六個建議。

這樣做，降低投資風險

1. **敬畏市場**：要對市場的力量充滿敬畏，如果僅僅憑藉淺薄的研究，就貿然投入大量資金，將可能面臨虧損。

2. **投資自己**：精進自己的專業能力，吸收新知，了解你在投資什麼，也了解自己，鍛鍊自己對波動的承受力。

3. **分散投資標的**：建議買進一籃子股票(指數化投資)，避開買賣個股的風險。或是透過資產配置，買進相關性不高的資產類別，降低個股暴跌帶來的風險。

4. **分散時間風險**：及早進入市場，較有機會等到牛市來臨。如果到了快退休才進入市場，一旦遇到熊市，就會打亂退休計畫。

5. **增加避險資源**：比如準備充足的緊急預備金、擁有多元收入等，能幫助我們度過黑天鵝事件的衝擊。

6. **不投資也是一種風險**：投資最大的風險，就是不開始投資。不要逃避風險，而是要讓風險留在可承受的範圍。

想在投資市場獲得長期成功，最重要的就是擁有抵禦風險的能力。

奈提

看來我還有很多東西要學…老闆你怎麼在這裡？

史提夫　海莉

妳來之前我就在了，我一直坐在角落。

喔對，上帝來接妳了～

史提夫　海莉

完了完了，我要變成感恩節大餐了！

我可以開槓桿投資嗎？

Tips 慢慢來，比較快

博士你故意不提醒我對不對！

哈哈哈！

海莉

都聽你們聊這麼久了，我也來多嘴幾句。我由衷建議，投資慢慢來，其實比較快。

史提夫

以前我認為高風險才有高報酬，想賭一把，於是進行高風險的投資，還使用了很大的槓桿。

因為玩得太過火，我付出慘痛的代價。

$$$

什麼是槓桿投資？

名稱取自槓桿原理，借指用小金額就可來操作較大金額標的的方法。比方說，房屋貸款只需自備兩成頭期款，就可買下一間房屋。在股市中，用融資借錢去投資，可以放大獲利，當然，虧損也會被放大，而且這並沒有辦法增加投資的勝率。

還好當時只把錢賠光而已，沒有落入負債的地步。

史提夫

但戴夫複製我的交易策略（又稱跟單），還使用很高的槓桿，結果破產去睡公園。

史提夫
我恨你

你到底輸掉多少錢啊？

800 萬吧…

好可怕！

海莉

史提夫

年輕的小資族，往往有三大弱點：

❶資金不足
❷耐心不足
❸知識不足

奈提

資金不足又缺乏耐心的人，往往會想要求快，希望能快速放大資產，於是開槓桿來投資。

一般而言，開槓桿有兩種方式：
❶借錢投資。
❷投資自帶槓桿的金融商品。

但兩者我都不建議小資族使用。

奈提

❶借錢投資
通常是向人借錢、信用貸款、理財型房貸、融資融券等。

這種做法的風險在於，無論投資是賺是賠，該還的本金與利息都還是要付。

如果你要借錢投資，首先必須考慮每月還款是否會造成壓力，妥善確認現金流是否足夠穩健。

在現行制度中，只要股價跌到一定程度，券商就會要求你繳交更多保證金。

當你沒有辦法維持保證金時，股票可能被強制賣出，也就是俗稱的「斷頭」。

一般情況下，當股價下跌時，我們可以等待股價漲回。

但使用槓桿之後，股價下跌會帶給小資族極大的資金壓力，甚至睡不安穩。

❷ 投資自帶槓桿的金融商品
例如期貨、選擇權、權證等。這類商品讓投資人能用小金額資本，投資大金額標的。

這種工具一開始是用來避險，讓人只花一點錢就能避開風險，並不適合散戶投資。

許多需要繳交保證金的金融商品，其實可以自行控制槓桿。簡單來說，保證金越多，槓桿的倍數就越低。

 高槓桿

 低槓桿

然而，小資族通常沒有夠多的保證金，因此大部分是進行高槓桿的交易。

 高槓桿

一旦風險爆發，小資族將無法承受損失。

沒錯，奈提博士剛剛說的，就是我的意思。

所以小資族絕對要避開槓桿投資。

奈提

史提夫

海莉

你剛剛都沒說話吧！

為什麼大家投資都有賺錢？

Tips 認識倖存者偏誤

阿布因為在股市中賺了不少錢，所以還是帶克拉拉出國玩。

海莉十分羨慕。

好好喔…

海莉

海莉一早到公司，又聽見湯尼和安東尼在聊股市。

我最近抓到一個指標，短短一週就賺了 2 萬元，厲害吧！

安東尼

在股市淘金就是要快狠準，你最近操作得怎樣？

安東尼

我走存股路線啦，那檔 54088 加減有賺～

湯尼

好像大家都有賺錢耶，我也要趕快開始投資！

海莉

下班後，海莉興匆匆跑到 LOVE 咖啡館。

博士，好像大家投資都賺錢耶，趕快告訴我怎麼投資吧！

LOVE

不要急，海莉，妳真的確定身邊的人都有賺錢嗎？

奈提

只有成功的人才會讓你看見光鮮亮麗的一面，其實投資虧損、血本無歸的人更多。

妳知道，比爾蓋茲和賈伯斯的共通點是什麼嗎？

奈提

他們的共通點就是，兩人都輟學創業。

比爾蓋茲　　賈伯斯

因此有人主張，輟學創業是成功的法門，但這種說法並不正確。

奈提

因為成功的案例會被宣揚，但創業失敗的人沒有被看見。

這種誤解，被稱為「倖存者偏誤」。

奈提

倖存者偏誤

這是一種邏輯上的偏誤，成功或倖存的案例比較容易被看見，失敗的案例則不容易，因此讓人高估了成功的可能性。

> 在投資市場上，我們也會受到倖存者偏誤的影響，主要有兩種情形： 奈提

投資的倖存者偏誤

❶ **倖存的投資者**：小資族在網路上看到許多人分享投資的成功經驗，就以為投資很容易，彷彿大家都賺錢，但是卻忽略了一點──投資失敗者通常不會分享失敗的經驗。

❷ **倖存的投資法門**：有些成功的投資方法，並非真的有效。但那些少數成功的「投資達人」，卻認為自己掌握成功的投資法門。後來，這些成功的投資法門，就被包裝成「年賺20%」、「輕鬆賺千萬」等等的書籍或課程。

> 那麼，該如何判斷，投資達人的方法是真的有效，還是只是倖存者偏誤呢？ 海莉

> 最簡單的方法，就是看這個投資方法，能不能禁得起長期驗證。 奈提

如果這個達人的投資哲學一直在改變，或者總是在修改自己的指標。

那麼就要小心觀望，這個人到底是在傳遞正派的投資方法，或只是為了創造流量、讓自己獲利。

在選擇書籍時，我建議少看素人的「理財童話故事」，多看長期流傳的經典書籍，例如：

· 威廉·伯恩斯坦 《投資金律》 (臉譜)
· 約翰·柏格 《約翰柏格投資常識》 (寰宇)
· 柏頓·墨基爾 《漫步華爾街》 (天下文化)
· 綠角 《股海勝經》 (如何)
· 查理·蒙格 《窮查理的普通常識》 (商業周刊)
· 丹·艾瑞利、傑夫·克萊斯勒 《金錢心理學》 (天下文化)
· 摩根·豪瑟 《致富心態》 (天下文化)
· 蕭世斌 《第一次領薪水就該懂的理財方法》 (大樂文化)

真正有效的投資方法，往往是簡單並且可以經過長期驗證的。

選擇正確的方式，投資自己的大腦，才是投資成功的不二法門。

投資感覺好難啊，總覺得一下子就會踩到陷阱。

海莉

是啊，市場並沒有妳想像中的容易，必須要好好留意許多陷阱。

奈提

如果妳想聽聽慘痛的經驗，歡迎來參加「戒韭門診」。

奈提

每個星期三晚上，我都會和一群投資失利的人聚會，傾聽他們的經驗，並給予建議。

投資市場中的韭菜

韭菜是一種生命力很強的植物，只要根部不被破壞，任憑葉菜的部分被割除，都能源源不絕地不斷生長。借指在投資市場中：不研究、人云亦云、說得一口好股票、衝動交易、不知道風險、風險承受度低、急著想進股市的散戶。而市場中，永遠有源源不絕的新散戶進入，遭到不斷收割。

這些被稱為「韭菜」的人，他們的故事值得我們引以為鑑。

第五章

奈提博士的戒韭門診

拒絕被收割，
跟股市韭菜Say NO！

難易度	★★★★★☆
重要性	★★★★★★

投資應該避免的事❶

Tips 不做當沖的投機分子

戒韮互助會開始了，海莉看著人們慢慢走進來，坐成一圈。

從我的左邊開始吧！帕克，告訴我們你的故事。

奈提

大家好，我是帕克，之前是玩當沖的衝浪手。

帕克

當時我有一份很不錯的工作，正準備和女朋友結婚。

妳願意嫁給我嗎？

但結婚的準備金不夠，所以我想用當沖快速增加本金。

當沖（當日沖銷）

指將股票在同一個交易日內一買一賣結清，因此在股市休市後，手上不會有任何股票，不需支付原本買進個股所需的本金，只需負擔價差（如果賠錢）及手續費。

又分為現股當沖與資券當沖，故事中提到的為現股當沖。

一開始我不太會玩，只敢投入一點錢抓股票漲跌的感覺。

我有時候輸，有時候贏，總是小賺大賠。女友看不下去，勸我縮手。

但是我不服氣，畢竟我勝率也有50%，應該只是運氣不佳，或沒掌握好停損時機。

50%

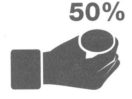

直到有一次因為錢不夠，差點就違約交割。只好把原本要用來結婚的50萬元拿來墊付。

50 萬

違約交割

台股採用T+2制度，買股票的兩天後才會支付買股的交割款。若是扣款失敗，便發生違約交割。除了可能會有民事責任，嚴重者甚至可能有刑責。除此之外，投資者的信用紀錄及投資帳戶都將受到影響。

違約交割的常見情形是投資者的資金控管不佳，例如股市扣款與信用卡扣款是同一個帳戶，導致餘額不足。此外，下單操作錯誤、當沖沒有順利賣出股票，也是造成違約交割的主因。

若是不慎發生此情形，營業員會主動與你聯繫，此時便要想辦法借款來補足餘額，才不會造成違約交割。

我努力畫股價趨勢線，一段時間後，有一次一口氣賺好幾萬！

嘗到甜頭的我，開始增加當沖額度，卻在一次操作中，一口氣賠光所有資產！

我不敢跟父母和女友說，偷偷借了信貸，想要翻身。

但是不能輸的壓力，讓我無法理性判斷進出場時機。

最後我把借來的錢全部賠光，連女友都離開我。

真是慘痛的教訓…你知道嗎？當沖其實一開始是設計給投資人來避險用的。

奈提

但是因為當日完成買賣，不必支付本金的特性，讓部分投資者企圖在本金不足的狀態下，用當沖來獲利。

這種操作方式看似可以很快就賺到錢，實則不然。

首先，當沖是極短線操作，需要花時間盯盤，會影響你的工作。

除了短期走勢難以預測外，還要扣除手續費和交易稅，才是利潤。

據統計，高達99%的當沖客最終都賠錢。

99% 賠錢

破除當沖的 5 個迷思

想用當沖獲利的人，大部分都有以下迷思。

1. **以小搏大**：因為T+2日的交割程序，款項只要在兩天內補足到扣款帳戶即可，如果股票在當日就沖銷掉，則不需要支付本金。某種程度上，當沖開了相當高的槓桿。

2. **無本當沖**：當沖並非沒有成本，視交易的額度，仍然需負擔手續費與交易稅。交易越頻繁，就要支付更多費用。

3. **預測市場**：短期市場難以預測，當沖這一類型的極短線操作，就像是賭博一樣。

4. **壞掉的鐘**：壞掉的鐘一天也會準兩次，有時候我們賺錢了，就以為自己的方法正確，但那可能只是運氣。

5. **只是數字**：當沖玩久了，對金錢的敏感度會降低，直到面對債務或鉅額損失，才感受到恐懼。

在本金不足的情形下，想依賴極短線操作獲利，心態其實趨近於賭博，但股市並非賭場。

當你開始玩當沖，甚至開始借錢想要翻本的時候，代表你已經陷入難以自拔的處境。

除了當沖，我建議小資族也不要操作「保證金交易」*的投資工具，例如：期貨、選擇權、權證。

奈提

*不用拿出全部資金，只要付一部分金額（保證金）就能交易的金融商品。

這類投資工具是設計用來避險，對散戶而言風險較高。

小資族通常沒有足夠的保證金，因此時常用高槓桿來進行交易。

高槓桿

這樣一來，投資失利帶來的危害就大幅增加。

投資不是賭博，避開以小搏大的心態，慢慢來，比較快！

奈提

投資應該避免的事❷

Tips 認清不良理專＆投資型保單

我們邀請下一位分享者，琦玉桑。

琦玉桑？

博士我在這裡。

奈提

新髮型很帥喔，差點認不出你。

奈提

以後叫你光頭王～

別虧我了，昨天遇到瘋狂的理髮師…

琦玉

那位理髮師說…

看！我剪得多帥！等下再幫你刮鬍子。

刮完鬍子他又說…

頭髮再短一點好像更好看。

他就一直剪，一直剪，最後理了一個大光頭。

結束時他才說是以刀數來計價，費用足足比其他店貴三倍。

你頭型這麼好看，光頭最適合你！

用三倍的錢理成光頭，這故事也太刺激了…

海莉

言歸正傳，我要來分享被不良理專坑殺的慘痛經驗。

琦玉

六年前我想要開始投資，剛好認識一位理專。她說現在定存利率只有 1％，推薦我幾檔基金和投資型保單，配息率高達 10％。

投入 100 萬元買這檔基金，每年可獲得 10 萬元的配息，10 年後你就回本了。

報酬率 10％ 這麼高！那我 100 萬存款 All in！

理專

琦玉

殖利率、配息率、投資報酬率

*(股票) 殖利率 = 現金股利／股價 ×100％

*(基金) 配息率 = 配息／基金淨值 ×100％

*(投資) 報酬率 = 獲益／投資成本 ×100％

在這裡，琦玉犯了一個錯誤，他將殖利率和報酬率混為一談，但兩者並不相同。當股票發放現金股利時，股票的價格會隨之下降，因此在發放股利的當下，投資人其實沒有賺錢。同理，基金配息時，基金的淨值也會隨之減少。只有當股價或基金淨值漲回原本的價格時，投資人才算是賺錢。

一年後，我問理專基金的表現如何。

現在投資狀況如何？

琦玉

最近有一檔基金表現更好，我建議你轉換標的。

理專

就這樣，每年我詢問狀況，她都建議我轉換標的。

後來配息愈來愈少，我才認真去檢查標的。

我發現那些投資標的並不賺錢，配息幾乎都是用本金配發，實際上根本沒有10%。

用本金配發利息

而且每次轉換標的，都被扣許多手續費。

我想要解約，但是理專說…

解約就現賠喔～

理專

我才驚覺她並不誠實，一直透過轉換標的、賺取手續費來讓自己的業績達標。

理專

原來光頭王不只頭髮被剃光，錢也被剃光了。

海莉

琦玉桑的故事告訴我們，不要問理髮師何時該理頭髮。

奈提

理專美其名是幫客戶理財，但實際上是銷售員，任務是幫公司銷售投資商品。

我相信許多理專都會為客戶著想，但是你必須留意：

理專除了要滿足客戶的需求，更需要業績，他們和客戶的利益並不一致。

有少數不肖理專會勸誘客戶貸款購買投資商品或保單。

甚至還發生過理專挪用客戶資金的案件。

監守自盜

博士，那麼我們和理專來往，要注意什麼呢？

海莉

奈提

我有以下8個建議。

跟理專往來的注意事項

三大注意事項：

❶ 盡可能做功課，了解自己的投資商品。

❷ 穩賺不賠的投資標的，幾乎不存在。

❸ 高配息商品的配息，時常來自本金。

五大安全措施：

❶ 不要把私人印鑑交給理專保管。

❷ 不要簽空白文件。

❸ 交易的電話密碼、網路銀行帳號密碼要收好。

❹ 定期檢視銀行寄發的對帳單。

❺ 不要與理專有私下資金往來。

小資族應該慎選理專，為自己的投資負責。

奈提

此時，有一個人開門走進來，是海莉的同事，湯尼。

湯尼

投資應該避免的事❸

Tips 不要相信 Line 群組報的明牌

抱歉！今天加班，遲到了。

海莉

湯尼，你怎麼會來這？

我來分享慘痛經驗啊。

湯尼

半年前我開始學習投資，在網路上讀到一位投資達人的免費文章。

後來加入他的 Line 群組，買了高達 5 萬元的投資課程。

**學費 5 萬元
讓老師
帶你飛！**

我十分相信他，他說哪些股票前景看好，我就買進。

買進

後來那檔股票暴跌，達人卻說⋯

這些資訊僅供學術參考，不是投資建議。

賺錢你有分我嗎？

投資達人

如果你想知道這檔股票為什麼跌，請來看我的訂閱制文章。

投資達人

我開始發現，他現在的主張和他兩年前提倡的操作技巧，完全不一樣。

兩年前
兩年後

跟著新指標！

投資達人一下提倡存股，一下推薦ETF，一下又混入技術分析，教我們怎麼低買高賣。

*KD指標：判斷股票買賣訊號和市場冷熱情況的指標。

存股標的

KD指標*

此時我才醒悟，原來許多達人都沒那麼可靠。

湯尼

這些狀況，可說是廣義的「培訓騙局」。

奈提

培訓騙局

騙徒利用免費課程教導基礎知識，再說服你購買昂貴的進階課程，宣稱成功人士也上同一套課程。但實際上，這套課程並不能幫助學員賺錢。

投資達人的主要獲利方式並非投資，而是訂閱經濟。

請幫我按讚、訂閱、分享。

他們打著財務自由的口號，把影響力包裝成訂閱制頻道、收費課程、App、VIP群組。

或者收取業者的廣告費用，業配某一檔金融商品。

我們想付費請老師推薦這檔ETF～

沒問題～

投資達人

這些手段為他們帶來的獲利，遠超過投資本身的績效。

訂閱收益 > 投資收益

那我們要如何判斷哪些學習管道才是正派的呢？

海莉

建議先閱讀經典書籍，不要看每年投資建議都不一樣、方法很快就過時的書和影片頻道。

真正有效的方法，是可以被長期驗證的～

奈提

而且正派的課程，通常不會是天價。

課程結束就銀貨兩訖。

如果課後還要花錢加入群組，讓達人帶你殺進殺出，那就很可能是培訓騙局！

投資應該避免的事❹

Tips 黑心分析師的祕密

一週很快就過去，又到了週三戒韭門診的時間。

我是彼得，之前是股市名嘴，今天是來告解的。

彼得

湯尼
我有看你的節目！每次你講都都很準，為什麼我自己操作就不準？

彼得
唉～這就是我要告解的事情。

每次上節目，為了營造專業感，我必須得很正式，並強調我是投顧經理。

彼得，請告訴大家怎麼回事。

奈提

講話的口吻一定要鏗鏘有力，這樣才能樹立權威。

老師在講有沒有在聽？

我會拿出幾檔強勢股票，畫上線圖，選擇可以自圓其說的方法。

當整體行情不錯的時候，我會特別強調：

有聽我分析的觀眾朋友，應該已經賺不少錢！

實際上，觀眾有沒有賺錢，我根本不知道。

只要以前分析過的股票上漲，我就拿出來講。

上次那檔9487漲停！老師在講你有沒有在聽！

彼得

下跌的我就不講，某天漲了再拿出來講。

有時候，會接到一些「祕密任務」，要特別暗示某幾檔股票前景看好。

但這些年來，我的良心愈來愈不安。

謝謝彼得。

奈提

有些黑心分析師會用「德州神槍手謬誤」和「採櫻桃謬誤」誤導大家。

德州神槍手謬誤

一個德州人朝著穀倉亂射一通，之後在彈孔最密集的地方畫上靶，自稱神槍手。

借指先決定結論，再用各種分析方法來合理化結論。

採櫻桃謬誤

農場裡的櫻桃並非全都長得很漂亮，而是經過挑選後，才在市場上販售。

借指為了讓論點成立，只挑選對自己有利的論點來陳述。

除了黑心分析師之外，「技術分析」本身的準確度也值得討論。

巴菲特曾經批評，技術分析是「看著後照鏡開車」。

技術分析的主要精神在於，透過分析過去的資料，來預測未來股價的走勢。

分析過去　預測未來

這一派的人認為，股價走勢具有規律，歷史會不斷重演。

而且，對一般人而言，技術分析的圖像化分析比較直觀，因此成為媒體播送的首選。
但是技術分析有三大盲點。

技術分析的 3 大盲點

❶ **主觀意識**：我們很容易在判讀線型時，受潛意識裡主觀看法的影響。看法不同，判讀結果可能就完全不同。

❷ **各自解讀**：技術分析有非常多的指標與流派，同一個線圖，10 個人看可能有 10 種解讀。

❸ **特殊事件**：就算判讀有效，股價走勢也可能因為時空背景轉換、發生意料之外的世界大事，而產生變化。

最後就是心態，技術分析派非常講究紀律，這是最難克服的一點。

小資族很常在該停損的時候猶豫。

* 指股價已經跌破你原本設定的停損價，卻不賣出繼續持有。

技術分析時常失準，因為影響股價的因素太多。

因此我建議，投資者要多方評估，不要盡信技術分析。

奈提

彼得，我有點好奇，你說的祕密任務是什麼啊？

海莉　彼得

這個…說出來妳會覺得我很壞…

投資市場的資訊相當不對稱，許多資訊是虛假的。

股市裡的主力大戶會透過黑心分析師放出消息，影響股價。

散戶的劣勢是難以獲得正確資訊，導致被市場收割。

韭菜並不清楚股票的價值，只期待別人用更高的價格買走自己手上的股票，這種情況被稱為「最大笨蛋理論」。

最大笨蛋理論

又稱為「博傻理論」，由經濟學家凱因斯（John Maynard Keynes）提出。指股票或期貨市場中，許多投資人並不在乎金融商品的價值，只在乎有沒有比自己更笨的笨蛋，會以更高的價格買走手中的股票。只要自己不是最後的笨蛋，就是贏家。

此時，坐在一旁的艾莎，突然哭了。

嗚嗚嗚～～

投資應該避免的事❺

Tips 龐氏騙局 ✕ 投資不可能三角

艾莎，妳還好嗎？

我就是那個最大笨蛋，當初真不該貪心。

嗚嗚嗚～

奈提　艾莎

我原本只有在做定存，某天朋友介紹一項投資機會。

他認識一位選股神準的投資機構老師。

參與我的私募計畫，每個月可以領5%的利息。

投資老師

一開始我半信半疑，先投入10萬元，沒想到月底真的領到5,000元利息。

艾莎

5,000元利息

於是我把所有的積蓄100萬元都投進去。

100萬

後來機構宣布，每推薦一個人參加，就可以再獲得1%利息。

人越多！賺越多！

投資老師

所以我推薦了幾個朋友。

真的是賺翻了！

艾莎

但某天，機構說要更改付款規則，變成三個月領取一次利息。

沒關係，三個月後就可以領到15萬元了。

艾莎

但是三個月之後，錢卻沒有匯進來…

現在匯率不好，下個月就會匯款。

投資老師

再兩個月過去，我才發現機構早就人去樓空。

您撥的號碼是空號～

我不僅損失了所有的錢，還要把錢還給朋友，因此負債了一段日子。

艾莎遇到的，是很典型的「龐氏騙局」。

奈提

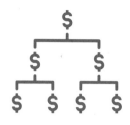

龐氏騙局

一種詐騙手法，實際的運作方式是用「後金補前金」，將後期參與者所繳的金錢，付給前期參與者作為利息。直到獲利足夠，或者後面的金錢來源已經不足以讓騙局運作時，詐騙者就會捲款潛逃，留下血本無歸的參與者。

龐氏騙局有許多變化形式，比如老鼠會、資金盤等等，但都有以下共同特徵。

❶ **宣稱低風險、高報酬**：宣稱投資方法風險很低，但是利率卻遠高於市場。

❷ **短期就有高回報**：加入後沒多久，就能收到獲利，以此取信於投資人，讓你投入更多。

❸ **商品難以理解**：騙徒宣稱擁有複雜的獨門投資方法，一般人難以理解運作方式，卻願意相信。

❹ **金字塔的發展模式**：鼓勵你招募下線，讓更多人一同參與。

後金補前金的運作模式，遲早會無法經營。此時，還沒出場的人就成為苦主。

原來還有這種詐騙模式，詐騙集團真的很糟糕。

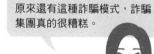

海莉

博士，那我們要如何預防詐騙呢？

預防詐騙，除了時時提高警覺外，各位可以參考以下建議。

海莉

奈提

避免龐氏騙局的 5 個建議

❶ **保護個資**：許多個資都在不知不覺中外洩，小資族應該盡量保護好資訊，避免遭詐騙集團取得個資。

❷ **冷靜思考**：時間是你的好朋友，直覺則是壞朋友。不要在收到投資邀請的當下就做決定，給自己冷靜思考的時間，即使只有15分鐘。

❸ **合理獲利**：受邀參加不合理的高利息投資計畫時，要特別小心。

❹ **保持懷疑**：撥打政府的反詐騙專線尋求協助。

❺ **尋求建議**：遇到各種事件時，積極尋求親友幫助，旁觀者較能發現詐騙的可能性。

投資的「不可能三角」難題

「不可能三角」泛指三項目標難以兼顧的情況，若要滿足其中兩項，就必須犧牲另外一項，舉例如下。

設計不可能三角：時間快、品質佳、價格低。

男朋友不可能三角：帥、有錢、專情（Just kidding ～）。

而「投資不可能三角」，就是指一項金融商品，不可能同時具備：高流動性、高報酬率、低風險三種特性。

投資不可能三角：高流動性、高報酬率、低風險

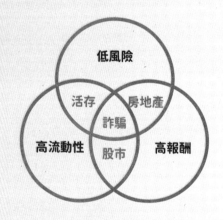

- **高流動性**：指該資產容易轉換成現金，且能以較穩定的價格售出。
- **高報酬率**：代表一定時間內，資金增值幅度很高。
- **低風險**：代表波動或意外事件較少。

以下分別進行說明：

1. 高流動性＋高報酬率→犧牲風險

舉例來說，股市具有不錯的流動性，可以帶來非常高的報酬率，但風險相對較高。賭博與買樂透也是。

2. 高流動性＋低風險→犧牲報酬率

資金如果放在銀行活存，流動性非常高，風險也非常低，但報酬率會比其他投資商品還低許多。

3. 高報酬率＋低風險→犧牲流動

資金放在定存或年化報酬率較佳的儲蓄險中，可以獲得比活存更高的報酬率，風險也很低，但是資金將被限制在一定期間內無法取出。在房市較佳的期間，房地產也是高報酬率、風險相對較低的投資，但是不容易變現，流動性不佳。

如果今天有人告訴你，有一種投資方法能同時滿足高流動性、高報酬率、低風險，就極有可能是詐騙。

第六章

指數化投資

懶人成功投資法：
不擇時、不要看、一直買！

難易度	★★★★★★
重要性	★★★★★★

散戶有機會打贏大盤嗎？

Tips 從戰鬥陀螺比賽，認識隨機漫步理論

LOVE 咖啡館舉辦戰鬥陀螺大賽。

參賽者共 4 人。

規則說明：4 人同時發射戰鬥陀螺，在場內轉動的最後一個陀螺勝出。共 30 回合，勝利場數最多的人獲得冠軍。

小樂以 10 場勝利，獲得冠軍。

賽後，阿布送孩子們回家，海莉和克拉拉則在店裡幫忙收拾。

今天的比賽真有趣，為什麼阿福的裝備最好，卻沒有贏？

陀螺本身雖然有強弱之分，但不可忽視運氣的成分。

每一次碰撞都是隨機的，不同時機和角度都會影響結果。

而投資市場就像一場超大型戰鬥陀螺比賽，每筆交易都是一次碰撞。

投資機構由專業人士操盤，擁有頂尖的資訊與設備，如同配備精良的戰鬥陀螺。

散戶則是拿著基本款陀螺的小孩。

妞妞　安安

在交易當下，買賣雙方都認為自己做出正確的決策。

但你的對手可能是專業人士。你確定能在這次交易中取勝嗎？

如果我們把市場看作「零和遊戲」，散戶其實時常屈居劣勢。

贏家的獲利

＋　　＝ 0

輸家的虧損

零和遊戲

短線交易可說是一場零和遊戲，有人獲利，就有人蒙受損失，雙方對弈的總和為零。

然而事實上，由於要支付交易稅及手續費，短線交易其實是負和遊戲。

即使是專業投資機構，也難以預測短期市場。

因為大量隨機碰撞所產生的力量，時常超乎專業人士的判斷。

就像阿福雖然擁有精良的陀螺，卻不是每次都能獲勝。

阿福

我們連4顆陀螺的勝負都難以預測，更何況是每天交易次數難以計算的市場！

短期市場就像是個「隨機漫步」的醉漢，難以預測。

那些企圖預測短期市場走勢的方法，都無法長遠有效。

博士，市場真的無法被打敗嗎？

海莉

真正能長期打敗市場的主動投資人，少之又少。

奈提

來聽我說個真實故事，巴菲特在2007年曾經立下賭約。

巴菲特

任何人主動挑選 5 ～ 10 檔基金組合，10 年之後，與代表市場的「標普 500 指數型基金（SPY）」比較，淨績效較高者即可指定對方捐款。

知名基金經理人賽德斯（Ted Seides），出面接下挑戰。

海莉

結果誰贏？

賽德斯不到 10 年就先認輸了。

奈提

即使有人能夠長期打敗市場，比例也非常低。

那個萬中選一的選股奇才，極有可能不是你。

絕大部分的人都無法長期戰勝市場，包括專業人士。

既然打不贏，就買下整個市場吧！

奈提

什麼是指數化投資？

Tips 用美食街的招牌套餐來理解

但是博士，怎麼可能買下整個市場呢？

 海莉

 奈提

妳可以購買追蹤整體市場的 ETF。

還記得我們剛剛提到，賭局中巴菲特選擇的 SPY 嗎？

那是什麼？間諜公司嗎？

SPY 是追蹤「標普 500 指數」的 ETF，追蹤全美最具代表性的 500 間公司，成分股涵蓋約 80% 的美國股市市值。

SPY

標普 500 指數型基金

這種投資整個市場的方法，被稱為「指數化投資」。

指數化投資

透過投資市值加權型 * 的指數型基金或 ETF，以擁有某個市場中，幾乎所有可投資的標的。

*市值加權型：指將所有股票的市值加起來當作總分，按照個股的市值加權。

此時阿布回來了，手上拿著熱騰騰的食物。

我買晚餐回來囉～

哇！是美食街招牌套餐耶！

克拉拉

美食街每季都會票選最受歡迎的十種小吃，放進招牌套餐。

只要買招牌套餐，就等於幾乎吃完整個美食街的美食。

阿布

真巧！指數型 ETF 就很像美食街的招牌套餐組合。

奈提

只要買進指數型 ETF，等於幾乎買下整個市場。

例如追蹤美國整體市場指數的 VTI，成分股涵蓋了美國 4,000 多間公司。

VTI

先鋒富時
整體股市 ETF

這些公司的市值總和，幾乎等於整體市場。

這樣一來，你所持有的，永遠是一籃子具有一定規模的公司。

一口氣買進數千家公司，聽起來好厲害！

海莉

指數型ETF最棒的優點，就是可以分散投資風險。

因為追蹤了高達數千家公司，所以即使其中一檔股票突然暴跌，對整體的影響也不大。

指數型ETF代表整個市場，幾乎沒有下檔的風險。

就好像套餐中某個小吃裡，有你痛恨的香菜，也不至於毀掉整頓晚餐...

但香菜真的不行！

海莉

奈提

共同基金、指數型基金、ETF

	交易方法	管理方式	管理費用
主動型 共同基金	向基金公司 申購	由基金經理人 選股操作	高
指數型基金 TIF	向基金公司 申購	追蹤市場 大盤指數	低
主動型ETF	在證券交易所 交易	由基金經理人 選股操作	中
指數型ETF	在證券交易所 交易	追蹤市場 大盤指數	低

❶ 共同基金（Mutual fund）

早期是王公貴族的特權，大家集資讓專業人士進行投資。20世紀起，才由富達公司發行一般民眾也能申購的基金，讓一般民眾也可透過共同基金投資。大部分共同基金採用「主動型」的管理方式，由「專業人士」進行選股操作，因此管理費用較高，大約是每年1.5～3%，每筆交易也會收取手續費。

❷ 指數型基金（TIF）

也是一種共同基金，全名是Traditional Index Funds，但採用被動式追蹤市場指數的方式管理。最早由約翰・柏格（John C. Bogle）發明，是指數化投資的基礎。

TIF是一種基金，可以向當地的基金公司申購。在台灣，你可以透過基金公司申購「元大台灣加權股價指數證券投資信託基金」這檔指數型基金。

❸ 交易所交易基金 (ETF)

全名是Exchange Traded Funds，雖然ETF也有翻譯為「指數股票型基金」，但「交易所交易基金」的翻譯更貼切。ETF主要是指可以在證券交易所交易的基金，無論是主動型或被動型，投資人可以像購買股票一樣，在交易所購買某檔基金的ETF，提高基金交易的方便性。舉例說明，在台灣，你可以在台灣證券交易所購買「元大寶來台灣卓越50證券投資信託基金」這檔指數型ETF，股票代號為0050。

❹ ETF不等於指數型基金

這兩者時常被混淆，TIF的重點是買進整體市場，而ETF的重點是交易的方式（可在證交所交易）。約翰·柏格甚至因為ETF可能造成頻繁交易，而曾經對ETF持負面意見。

此外，不是所有ETF都是指數化投資，近年來ETF的普及，開始出現許多策略型或主動選股型的ETF，這些都不能算是指數化投資。

2% 手續費，其實很昂貴？

Tips 弄懂何謂「淨績效」

克拉拉

海莉，妳吃光整份招牌套餐耶，妳不是在減肥嗎？

海莉

欸…我有在算熱量啦，不過好像沒有效果…

克拉拉

妳有算下午那杯拿鐵嗎？減重專家說，我們常低估自己攝取的熱量。

主動投資者很容易低估自己的投資費用，就像海莉總是低估自己攝取的熱量。

妳們知道嗎？這種低估事實的情況，也常出現在主動投資人身上喔。

奈提

一不小心
就吃太多。

海莉

主動投資者常忽略的 3 大費用

主動投資者主要有三大投資費用。

❶ **手續費**：主要是交易時產生的券商手續費及證券交易稅，越是頻繁交易，產生的費用就越多。

❷ **管理費**：如果你將資產交給主動型基金管理，衍生的管理費、經理費等，每年約為 1 ～ 3%。

❸ **消息費**：主動投資者常花費金錢在課程（有些可能是培訓騙局）、訂閱制頻道、會員費、容易過時的書籍上。

這三種費用讓主動投資者花太多錢，大幅影響投資的「淨報酬率」。

市場總報酬率－投資費用 ＝ 淨報酬率

指數化投資的費用較低，每年管理費僅大約0.2%。

0.2%

為什麼指數化投資的管理費這麼低呢？

克拉拉

因為指數化投資不需要人為選股，因此收取的費用較低。

而主動選股的基金或ETF，即使當年度的選股績效不如大盤，管理費也不會降低。

管理費都含在內扣費用裡，賭你沒發現。

博士，我算一算，管理費只差2%左右，感覺還好耶。

滴水能穿石。

克拉拉

約翰·柏格曾經發表一篇文章，說明這個「小小算數」（humble arithmetic）的驚人力量…

假如你將 10 萬元投入年化報酬率 7% 的標的，經過 50 年複利後，獲利將接近 30 倍。但只要每年被收取 1.5% 的手續費，你的最終資產就會腰斬，因此千萬別小看這 1.5% 的力量。

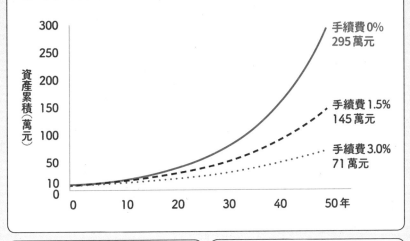

手續費 0%
295 萬元

手續費 1.5%
145 萬元

手續費 3.0%
71 萬元

但最容易被忽略的，是時間成本。

研究股票的時間其實也算工時，卻不一定保證獲利。

時間和資金有限的小資族，應將時間用在提升薪水，或陪伴家人。

而管理費較低的指數化投資，正是最有效的投資決策。

奈提

為什麼指數投資是有效的投資決策？

指數化投資是一種有效的投資決策，因為它符合三個重點：

❶ 可以獲得預期效果

指數化投資可獲得整體市場長期成長帶來的收益。美國道瓊指數從1880年代開始，指數時常低於100點，但直到2021年底已成長至36,338點。而台灣加權指數則由1966年的基期100點，漲至2021年底18,218點。長期來看，人類只要持續創造價值，便會帶來市場的價格上漲。但並非所有國家的市場都是長期向上，選擇單一市場仍然有風險，因此最好的方法就是投資全世界。

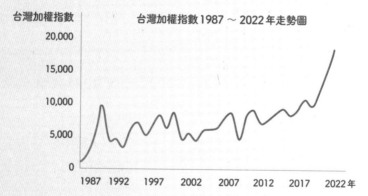

台灣加權指數 1987 ～ 2022 年走勢圖

❷ 可以被輕易複製

假設有一萬個投資者全部使用指數化投資，分別在不同時空買進並持有，長期而言每個人的資產都會增長。

❸ 長期驗證有效

美國歷史上有許多著名的大空頭市場（大蕭條、網路泡沫、金融海嘯等），股市出現一段時間的暴跌，但是長期來看，美國股市任意50年間的走勢都是成長的。以台灣而言，即使是2008年金融海嘯前，在當時台股指數高點9,000點左右，購買每張約70元的「0050（元大台灣50 ETF）」，只要買進並持有，截至2021年底（漲至145.5元），資產就能增值2倍。

指數型 ETF 該怎麼選？

Tips 選擇市場範圍大者，不選高股息

博士，很多人喜歡高股息 ETF。這也是指數化投資嗎？

克拉拉

奈提

高股息、產業型和策略型 ETF，都不算指數化投資。

這些 ETF 是依照特殊的規則，或主動選股來選擇公司，並非買下整個市場。

主動選股

不僅管理費較高，長期績效也遠不如指數型 ETF。

那為什麼這麼多人喜歡高股息呢？

克拉拉

因為賣出股票時，人們會感覺損失了一張股票，還要承擔賣出後股價上漲的壓力。

但高股息ETF配發的股息，不需要經過賣出，就會配到我們手裡，很像是免費獲得的午餐。

然而，配息其實是從左邊口袋拿錢，放到右邊口袋。

奈提

公司發放多少股息，除息後的股價就會下修多少，如果沒漲回來，你就不算有賺錢。

股息：＋2元
股價：－2元

選擇發放高股息給股東的公司，成長力道也可能較為不足。

因為成長性佳的公司，通常會把賺得的盈餘再投資回公司本身。

公司成長

盈餘再投資 ← 賺得盈餘

因此，高股息ETF雖然可能讓你感到較安心，卻無法帶來更好的投資績效。

那小資族該如何選擇指數型ETF呢？

克拉拉

最重要的是，選擇涵蓋公司之範圍能夠代表整體市場的ETF。

奈提

例如先鋒集團發行的VT，包含全球9,000多間公司，可以說幾乎代表了全球市場。

VT
全世界股票
ETF

該集團發行的另一檔VTI，則追蹤全美4,000多間公司，幾乎可以代表整個美國市場。

VTI
先鋒富時
整體股市ETF

而台灣元大投信發行的0050，追蹤台灣市值最高的50間公司，幾乎可以代表整體台灣市場。

0050
元大台灣50 ETF

這麼多市場，我該如何選擇呢？

克拉拉

我建議的選擇標準是，市場越大越好，管理費越低越好。

**市場範圍↑
管理費↓**

市場越大，風險就越小，追蹤全球市場的VT便具有這項優勢。

如果你看好美國市場，也可以選擇VTI。

但是VT、VTI等標的屬於海外市場，無法在台灣的交易所直接交易。小資族可以透過「複委託」的方式下單，這部分我會在第202頁詳細介紹。

國內交易所

博士，那台灣的ETF該如何選擇呢？

克拉拉

我建議以下兩支ETF作為代表。

奈提

0050 元大台灣50
006208 富邦台50

對小資族來說，投資台灣市場ETF的優點是容易下單，但因為只追蹤單一市場，風險分散性不夠，管理費也偏高。

因此我還是建議你們，選擇追蹤全球市場或較大區域市場的ETF。

海莉確定有在減肥嗎？

我也不知道…

叮咚～
海莉小姐點的
剉冰來嚕～

克拉拉　　阿布

台灣市場指數型 ETF 比較 [*]

	0050. TW	006208.TW	0051.TW
追蹤指數	臺灣50指數	臺灣50指數	臺灣中型100報酬指數
涵蓋公司數	50家	50家	100家
規模	新台幣2,170億元	新台幣42.5億元	新台幣8.14億元
總管理費用	0.46%	0.35%	0.79%

典型海外股市及債券指數型 ETF [*]

海外 ETF	全名	追蹤市場 / 追蹤指數	內扣費用	追蹤標的數
VT	Vanguard Total World Stock Index Fund ETF	全球市場	0.07%	9,534
VTI	Vanguard Total Stock Market Index Fund ETF	美國市場	0.03%	4,026
VXUS	Vanguard Total International Stock Index Fund ETF	非美已開發市場及新興市場	0.07%	7,955
VEA	Vanguard Developed Markets Index Fund ETF	非美全球已開發市場	0.05%	4,083
VWO	Vanguard Emerging Markets Stock Index Fund ETF	新興市場	0.08%	5,575
BND	Vanguard Total Bond Market Index Fund ETF	美國投資等級債券	0.03%	10,366
BNDX	Vanguard Total International Bond Index Fund ETF	非美元計價之全球投資級債券	0.07%	6,831
BNDW	Vanguard Total World Bond ETF	全球投資級債券	0.06%	17,197

*表格來源：作者整理（2022/12/27）

股票、債券，如何配置比例？

Tips 資產配置公式 × 再平衡

外送員是之前參加戒韭門診的艾莎，現在是冰店老闆娘。

嘿，艾莎，最近生意好嗎？

現在夏天生意很好，但冬天生意很差。

所以我投資了隔壁的火鍋店，這樣冬天就不用擔心。

好聰明喔！

艾莎的方法是一種資產配置策略，這正是指數化投資的另一個重點。

冰店與火鍋店的收入，長期而言呈現負相關。同時將資金投入這兩家店，艾莎就能擁有較穩定的收益。

相關性

指資產之間的價格變動關聯性。如果兩種資產價格同時上漲,就是正相關;兩種資產價格互相不影響,為無相關;如果一個價格上漲,另一個就下跌,則為負相關。

在資產配置時,適當選擇負相關或無相關的投資標的,可以在報酬率不變的情況下,降低整體投資組合的波動。

奈提

典型的資產配置策略,就是同時買進股票型ETF,以及債券型ETF。

股票型 ETF　債券型 ETF

因為從歷史數據來看,這兩者的價格變動大部分時間為負相關。

執行資產配置可以降低波動,讓你不會因為市場劇烈震盪而過分恐慌。

那我應該如何分配這兩者的投資比例呢?

克拉拉

一般建議依照年齡或個人的風險偏好,來分配股債比。

股債比

指投資組合中，股票型 ETF 與債券型 ETF* 的配置比例。股票型 ETF 的波動大，報酬率較高；債券型 ETF 的波動小，報酬率較低。在買進整體市場的前提下，小資族可依據需求，來配置適當的股債比。

*債券型 ETF：追蹤債券指數表現的 ETF，類似買入一籃子債券。
*台灣券商有發行追蹤美國公債的債券型 ETF，記得購買前要注意總管理費用率。

如果依照年齡來配置，建議使用 110 或 100 減去年齡（四捨五入後的數字），作為股票型 ETF 的比例。

**110 － 年齡（四捨五入後的數字）＝
股票型 ETF 比例**

舉例來說，阿布今年 28 歲（四捨五入計為 30 歲），能夠承受較高的波動，建議股票配置 80%，債券配置 20%。

**110 － 30 ＝
80% 股票型 ETF**

阿布

而他爸爸今年 60 歲，適合較低波動的配置，建議股票配置 50%，債券配置 50%。

**110 － 60 ＝
50% 股票型 ETF**

阿布爸爸

克拉拉

博士，去年股市大好，股票資產價格變高，比例跑掉了該怎麼辦呢？

奈提

好問題！這時候妳可以進行「再平衡」。

再平衡

假如股票比例變高，你可以選擇賣掉部分股票改買債券，或者用今年的存款多買一些債券，以維持股債比。

舉例來說，如果你現在30歲，股債比為80：20，當股市上漲時，股債比可能變成85:15。此時你可以選擇賣掉5%的股票改買債券，或者用今年的存款多買一些債券，以維持股債比為80：20。

一年進行1～2次再平衡即可，不要拖太久，也不必太過頻繁。

進行資產配置，降低波動，是晚上能睡好覺的不二法門！

奈提

常見的全球化投資組合*

全球股票市場投資組合	全球債券投資組合
VT （全球市場）	BNDW （全球債券）
VTI+VXUS （美國市場＋非美市場）	BND+BNDX （美國債券＋非美債券）
VTI+VEA+VWO （美國市場＋非美已開發市場＋新興市場）	

*舉例來說，同時買下VTI+VXUS兩檔股票型ETF，就等於幾乎買下全球市場。

資產配置決定 91.5% 的投資報酬

　　1980年代，美國投資學家蓋瑞‧布林森（Gary Brinson）和其他共同作者發表一系列的文章，研究1974～1983年間，美國91個大型退休基金的報酬差異與資產配置的關聯。

　　研究結果指出，有高達九成的投資報酬差異，與「資產配置」策略有關，而我們一般認為重要的選股及進出場時機則僅占不到一成。

　　資產配置不只會大幅影響風險與報酬，還剛好是所有投資活動中我們可以完全控制的部分。因此，做好資產配置應該成為小資族的投資重點，而不是花時間去選股或掌握市場時機。

怎麼購買海外指數型 ETF？

Tips 複委託 ╳ 海外券商

聽完奈提博士的說明，海莉決定趁早開始指數化投資。

博士，我要如何購買指數型 ETF 呢？

海莉

方法就跟買股票一樣，先到國內券商開戶。

奈提

如何開「證券戶」？

準備好雙證件、印鑑、一些現金，到選定的證券商開戶。開戶流程與如何選擇券商，可以在網路上找到詳細方法。

如果妳想布局全世界，我建議投資海外股市發行的指數型 ETF。

奈提

目前國內券商仍未發行追蹤全球市場的ETF。少數追蹤台灣整體市場的指數型 ETF，總管理費也較高。

管理費

許多海外指數型 ETF 的管理費相對低廉，長期而言比台灣的指數型 ETF 更具優勢。

管理費

海外股市？感覺好遙遠，購買方式是不是很複雜？

海莉

小資族可以透過兩種方式購買海外指數型ETF。

方法❶ 複委託　　方法❷ 海外券商

其實沒有想像中困難！

奈提

方法❶ 複委託

在國內券商開立複委託帳戶，接著透過網路或App委託國內券商，再由國內券商委託海外券商下單。

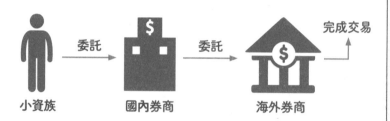

委託　→　委託　→　完成交易

小資族　　　國內券商　　　海外券商

複委託要注意的事

❶ 手續費：大約0.2~0.3%，因國內券商競爭而逐漸降低。

❷ 買賣幣別：可使用台幣或外幣買進。

❸ 低消：最低手續費用約20美元不等，有些特別的方案或業務員能夠談到更低的低消。

❹ 買賣建議：由於有最低手續費用（低消）限制，因此每次交易的手續費必須大於低消才划算。

方法❷ 海外券商

直接在海外券商開戶，例如你想買美國的指數型 ETF，就到美國券商直接開戶。

到美國開戶？我需要親自跑一趟美國嗎？

公路之旅我來了～

海莉

現在網路很方便，無論申請開戶還是買賣股票，都可以透過網路辦理。

奈提

開戶成功後，再將投資金額匯至海外券商的帳戶中，就可以透過網路或 App 下單。

海外電匯

匯出款項

但是要注意，匯出或匯回款項都會收取新台幣數百元的電匯手續費。

使用海外券商要注意的事

❶ **手續費**：需支付電匯手續費（約數百至千元台幣，部分海外券商有推出補貼優惠），以及交易手續費（許多海外券商交易指數型 ETF 免此費用，詳見券商的說明）。

❷ **買賣幣別**：大部分為美金。

❸ **低消**：沒有最低手續費用的限制。

❹ **買賣建議**：每次電匯金額不要太低，以免電匯手續費占比太高而不划算。

那麼我適合用哪一種方法投資海外指數型 ETF 呢？

海莉

我建議小資族使用「複委託」投資海外的全球指數型 ETF。

奈提

購買海外 ETF，建議使用複委託

複委託適合年輕小資族的原因，有以下三點。

❶ 容易上手：透過國內券商下單，操作較容易。

❷ 手續費較低：小資族的投資金額通常不高，使用海外券商將付出較高的電匯手續費。

❸ 定期定股 (額)*：部分國內券商推出定期定股（額）服務，對每個月固定撥出部分薪水進行投資的小資族，是很方便的工具。

*定期定額：在固定時間，以固定金額買入指定標的，例如每月 5 號固定買某檔 ETF 共 3,000 元。
*定期定股：在固定時間，買入固定股數的指定標的，例如每月 5 號固定買某檔 ETF 共 100 股。

下週帶好證件，我陪妳去開戶吧！

奈提

Oh Ya!

海莉

複委託與海外券商比較

	複委託	海外券商
手續費	交易手續費*	電匯手續費 交易手續費
可投資標的	較少	較多
自動退稅	部分標的可以	無
投資方便性	有定期定股（額）方案	有股息再投資計畫
其他缺點	❶ 因為買賣皆需手續費，所以再平衡靈活度較差。	❶ 將錢匯出／匯回國內都需要手續費，不適合頻繁出入金。 ❷ 由於是海外帳戶，如果帳戶擁有者不幸身故，遺產處理較為麻煩。

* 複委託的交易手續費有最低收費限制，約20美元不等。假設你單筆投入5,000美元，在交易手續費0.2%的情況下，手續費原為5,000×0.2%=10美元，但你仍要支付20美元的最低手續費。

小資族的最佳投資策略

Tips 不擇時、不要看、一直買

海莉依照奈提博士的建議，準備好6個月的緊急預備金。

接著用存款買進VT，並執行了幾個月的定期定額投資。

VT

全世界股票
ETF

但幾個月之後，新聞開始播報市場表現不佳的消息。

接下來將進入熊市⋯

連續幾天的跌幅，讓海莉有點驚恐。

當晚，海莉到咖啡館，告訴奈提博士她的疑慮。

博士，我現在是不是該賣出持股，等到低點再買進呢？

海莉

在那之前，我們先來談談長期投資的好處。

奈提

簡單來說，長期投資可以減少波動，並增加獲利機率。

摩根大通的報告[*]指出，長期持有股票或債券能夠享受更低的波動，與更可靠的報酬率。如果只持有1年，股票的年化報酬率介於-39～47%。持有20年，年化報酬率則介於6～17%。

* "Guide to the Markets," J.P. Morgan Asset Management, December 31, 2022

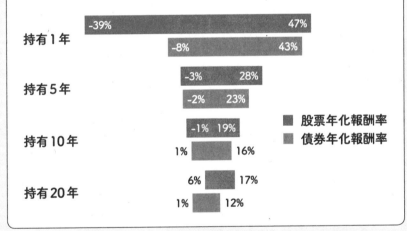

持有1年　-39% 〜 47%　-8% 〜 43%

持有5年　-3% 〜 28%　-2% 〜 23%

持有10年　-1% 〜 19%　1% 〜 16%

持有20年　6% 〜 17%　1% 〜 12%

■ 股票年化報酬率
■ 債券年化報酬率

可見僅僅只是長期持有，就能增加妳賺錢的機率。

奈提

原來長期持有能帶來這麼大的好處。

海莉

指數型ETF的最佳投資策略就是：
不擇時、不要看、一直買。

大吉

❶不擇時
不要企圖低買高賣、
預測市場。

小資族往往想在價格下跌
前賣出，在上漲前買進。

Buy　Sell

但是當你賣出股票，馬上就要面臨另一
個問題：

何時再回到市場？

這些在「高點」賣出的小資族，可
能沒有等到心裡設定的低點，市場
就漲回去了。

怎麼漲上去了？

比如2020年的疫情，許多人
恐慌性拋售，結果錯過市場
後來更大的漲幅。

只要留在市場上，不擇
時進出，就能享受市場
帶來的豐盛報酬。

奈提

海莉

但每天看股市上
上下下，很難不
受影響⋯

❷不要看
不要過度關注市場
的波動。

因為指數型 ETF 是買進整個市場，幾乎沒有下檔的風險。

所以不用理會短期市場波動。

過度關注市場動盪，會受到心理偏誤的影響，而想要交易。

由於不須過度關心市場，指數投資人可以專注於增加收入。

❸一直買
不斷投入資金，加速資產累積。

延續不擇時的精神，小資族有錢就可以買進，不用選擇時機。

記得自動化理財系統嗎？

奈提

每個月一發薪水，就將投資金額自動轉進投資帳戶中。

並使用券商的定期定額ETF投資服務，設定好每月買進的日期與金額。

這樣定時匯款、自動買進，完成自動指數化投資。

只要能夠這樣持續20年以上，就能累積一筆可觀的資產。

買進、持有，並持續留在市場，就能夠立於不敗之地，這就是指數化投資的最佳策略！

不擇時、不要看、一直買！

奈提

存多少錢，才能財務自由？

Tips 25倍法則

今天是戒韭門診的日子，海莉提早到LOVE咖啡館吃晚餐。

吃到一半，娜娜走進來。

博士～

博士，我想要辭職去完成夢想，但史提夫反對。

我想要財務自由！前幾天我去參加一場講座，講師說只要加入他們的銷售計畫，很快就能達成夢想。

妳的夢想是什麼？

娜娜，那是不是直銷大會啊？

注意！過度強調夢想與財務自由，很有可能是不當傳銷喔。

博士，這幾年好多人在談財務自由，到底什麼是財務自由呢？

海莉

財務的基本定義：

被動收入 > 開銷

什麼是「被動收入」？

泛指不需要花太多時間或心力，就能獲得的現金流，例如收房租、利息、版稅、網站廣告、終身俸等。

被動收入並非不勞而獲，大部分的被動收入需要一段時間的經營，或者擁有足夠的資產才能獲得。

被動收入不一定是以穩定現金流的方式存在，也可以透過賣出資產的方式來提領。只要提領得宜，就可以讓總資產不會減少。

那我應該要累積多少總資產才夠呢？

海莉

有一個簡單的判斷依據，叫做25倍法則。

25倍法則

財務自由的 25 倍法則

根據統計研究,將年度總開銷乘以25,就是你達到財務自由的最低資產總額。

年度開銷 ×25 = 財務自由的總資產金額

舉例來說,海莉的年度總開銷是60萬元,那麼:

60萬 ×25倍=1,500萬 (最低資產總額)

1,500萬是海莉能夠財務自由的最低資產總額。

這個25倍法則,是來自「4%安全提領率」的研究。

奈提

4% 安全提領率

根據統計研究,如果每年提領投資總資產的4%足以負擔年度開銷,你就有95%的機率能安穩度過30年的退休人生。

投資總資產 ×4% = 年度開銷
→ (接近) 財務自由

舉例來說,假如你有2,000萬元資產 (不計房地產),以4%安全提領率計算,則一年可以提領80萬元作為年度開銷。

2,000 萬 × 4%
=80 萬

如果你每年提領少於80萬元,將有很高的機率可以安穩度過30年的退休生活。

然而，即使符合25倍法則，也不代表可以高枕無憂。因為你的退休時間可能更長，也可能遇上一些打破財務自由的事件。

可能破壞財務自由的事件

❶ 通貨膨脹：通貨膨脹會讓錢慢慢變薄，雖然25倍法則已經計入通膨，但通膨的幅度並非一成不變。

❷ 投資績效不如預期：過去的投資績效並不代表未來也能有相同表現，當績效不如預期，就可能影響你的退休計畫。

❸ 未知的大筆支出：生病、買房、生小孩、賠償金等等，都可能產生意料之外的大筆支出。

因此我們最好將資產總額提高到年度開銷的30倍。

並且適當降低提領率、做好保險規畫。

最後，財務自由的真正定義應該是：你能自由選擇做自己喜歡的事情。

許多人想抄捷徑達到財務自由，是因為不喜歡自己的工作。

如果能做自己熱愛的工作，能否提早財務自由就不那麼重要了。

娜娜

海莉，那妳的夢想是什麼？

東坡肉嗎？

博士！

海莉

我的夢想是當一塊會呼吸的肉！

海莉

套用 25 倍法則前，該注意的事

❶ 25倍法則是根據1926～1992年的統計數據，所計算出來的財務自由經驗法則。當時的整體金融環境與現在大不相同，因此我建議將資產總額提高至年度開銷的30倍較安全。

❷ 統計年度開銷時，要包含每月開銷、稅、保險、禮金、額外支出等，金額最好稍微高估。有家庭者，要計入小孩的花費、教養費用。

❸ 將年度總開銷乘以25，可獲得財務自由的最低資產總額，但最好不要這時就退休。

❹ 將年度總開銷乘以30，可獲得財務自由的安全資產總額，以此數字退休較為保險。

❺ 退休前建議至少要準備100萬元，作為緊急預備金，應付大額醫藥費等支出。

舉例來說，海莉的年度總開銷是60萬元，那麼：

60萬 ×25倍+100萬 =1,600萬（最低資產總額）

60萬 ×30倍+100萬 =1,900萬（安全資產總額）

FIRE 族群

FIRE（Financial Independence, Retire Early）意思是「財務獨立、提早退休」。

FIRE族群的主張是：

❶ 將退休的年齡設定在30 ～ 40歲，希望在年輕時就財務獨立。

❷ 提倡在工作期間增加收入，並且降低物質欲望。

❸ 提高儲蓄率（至少50%），並透過投資，盡早開始以複利累積資產。

要實現FIRE，必須先確認自己想要過什麼樣的退休生活，有些人想要過富裕的退休生活，有人想要極簡度日，有些人仍然必須擁有一份兼職工作。隨著你的選擇不同，所需要的退休資產目標也會全然不同。

最後，FIRE族群並非完全不工作，只是工作的目的不單只為了賺錢，而是重新拿回自己生命的主導權，進而擁有時間去做讓自己感到幸福的事。而理財的最終目的，也在於此。

如何更快達到財務自由？

Tips 增加本金投入 ╳ 資產成長策略

博士，我真的好想趕快財務自由！

娜娜

有一個方法可以加快資產累積速度，妳們想知道嗎？

奈提

當然！

我想更快成為一塊會呼吸的肉。

海莉

這個方法就是增加主動收入。

奈提

在投資前期，增加主動收入帶來的儲蓄增長，會比投資帶來的報酬更多。

以海莉為例，假設一年收入50萬，透過儲蓄可以增加：

50萬（收入）– 36萬（支出）

= 14萬（儲蓄）

但即使海莉有100萬元，並獲得10%投報率，資產也只能增加：

100萬（本金）╳ 10%（報酬率）

= 10萬（投資報酬）

投資前期，增加本金投入比投報率重要

❶ 在投資前期，資產累積幅度以本金為主要影響因素。

❷ 隨著投資時間愈長，資產當中本金所占的比率會愈來愈少，投資報酬的比率逐漸增加。

舉例來說，在年化報酬率固定10%的情況下，每年固定投入14萬，本金在資產中所占的比率，初期是最高的，時間愈往後，比例會逐步遞減：

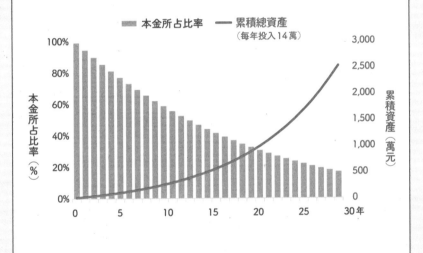

計入主動收入後，每年的資產增加率，是更有意義的數字。

$$資產增加率 = \frac{本期資產總額 - 前一期資產總額}{前一期資產總額} \times 100\%$$

我們可以記錄自己每年的資產累積狀況，搭配市場報酬率的預估，掌握財富累積的節奏。

這樣的預測圖表，我稱之為「財務藍圖」。

財務藍圖

指透過一些假設，計算自己未來的財務狀況，了解幾歲能夠財務自由，作為理財節奏的參考。

要注意，過去的投資績效不代表未來績效，不能太樂觀。要設定安全邊際，將預期的報酬率降低，並且盡量增加額外投入的投資金額。

你可以掃描QR Code，取得財務藍圖試算表範本，並參考第222頁的範例，製作自己的財務藍圖，來預估自己的資產累積情況。

財務藍圖試算表範本

試算表雖然能計算出可退休年紀，但這個數字不一定準確。

我想要55歲就退休⋯

如果未來數十年的投資報酬率跟預估的不同，預測就會失準。

此外，當你人生出現會推遲計畫的事情，比如進入婚姻或擁有下一代。

你要為了你的計畫，放棄這些幸福嗎？

女友說要分手…

重要的事物，不一定都能夠計算出來；而你能計算的，不一定都重要。

如果烏龜跟鱉有下一代，那壽命會多長？

所以，不要讓自己活在試算表裡。

只要專注眼前的生活，把投資交給市場，殷勤地工作，管理好金錢即可。

專注本業，尋求更高的收入，才是最穩健的資產成長策略。

財務藍圖試算表

假設海莉從25歲開始，依照下列條件規畫財務藍圖，她預計將能累積以下圖表中標示的資產。

起始年齡	25歲
初始投入金額	14萬元
每月定期定額投入	5,000元
預估較差報酬率	4%
預估較佳報酬率	10%

年齡	預期資產 4%較差報酬率	預期資產 10%較佳報酬率
25歲	20萬5,600元	21萬4,000元
30歲	約57萬元	約71萬元
35歲	約102萬元	約151萬元
40歲	約157萬元	約280萬元
45歲	約223萬元	約487萬元
50歲	約304萬元	約821萬元
55歲	約403萬元	約1,360萬元
60歲	約523萬元	約2,227萬元
65歲	668萬8,621元	3,624萬1,034元

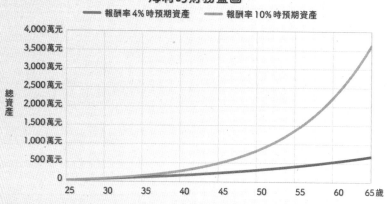

海莉的財務藍圖

如何有效花錢，買到快樂？

Tips 購買快樂的五種方法

阿布領到年終獎金，當天就拿去買最新款的芒果手機。

芒果
16 Pro

隔天同事看見，紛紛虧他。

> 唉唷，阿布，芒果 16 Pro 欸，有錢人喔～

> 布萊恩上週也換手機，他買頂規 512 GB 的。

這樣一比較，阿布突然有點失落。

阿布

週末他到 LOVE 咖啡館玩桌遊，聊起這件事。

LOVE

> 博士，我剛買手機的時候很興奮，但玩幾天之後…

> 是不是變得沒那麼開心了？

奈提

購物帶來的快樂很短暫，只存在於購買前幾天，和收到物品後幾天。

居然這麼短暫！

然後新鮮感就會快速消退。

果然像人家說的，金錢買不到快樂。

海莉

其實金錢可以買到快樂。

奈提

在《快樂錢》（*Happy Money: The Science of Smarter Spending*）*一書中，提到有五種方法，可以幫助我們獲得較長期的快樂。

*繁體中文版由天下文化出版。

方法❶ 購買體驗

每個人的體驗都是獨一無二的，與他人分享自己的體驗時，能讓我們與他人產生連結，帶來快樂。

比方說，你吃過的壽司，和我看過的櫻花，無法比較。

但透過分享，我們會因為旅遊，和對方產生連結。

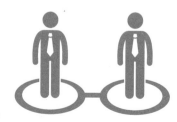

方法❷ 購買難得

適度降低享受頻率，能讓每一次的享受，獲得更大的滿足感。

比方說，如果每天都喝高單價咖啡，幸福感較不明顯。

如果只在週五喝精品咖啡，你就會有被犒賞的感覺。

方法❸ 購買時間

如果能支付一些金錢，來改善通勤、外包工作，讓我們有時間享受生活，就能顯著提升幸福感。

每天花很多時間通勤的人，幸福感通常較差。

因為他們沒有完整的時間可以用來享受生活或學習。

如果能想辦法縮短通勤時間，就能提升幸福感。

此外，購買方便的家電，減少做家事的時間，也是非常好的投資。

方法❹ 先付款，後享受

先付款可以讓我們更加期待即將發生的事情，又可以讓回憶結束在美好的事物本身，而不是花錢之痛。

比方說，先規畫並支付旅行費用，能讓旅遊當下好像免費一樣。

如果回程才結算費用，有可能會發現這趟旅行花費超出預算的錢。

方法❺ 樂善好施

做好事可以讓人感到快樂，如果自己的善行發揮了實質的影響力，就能獲得更大的滿足感。

比方說，救援傷病動物，看見牠們康復後，會有深刻的滿足感。

此外，花錢購買健康、知識、生活品質，也都能帶來幸福感。

博士，我以後都不能買芒果手機嗎(泣)？

好慘…

阿布

海莉

不，這不代表你以後不能購物，而是要判斷花費金錢能否帶來更多連結。

奈提

聰明花錢，才能為自己創造幸福！

理財，過上自己想要的生活

 戈登教授的幸福方程式

又到了畢業季，今年奈提博士的指導老師戈登教授要退休了。

戈登教授是知名學者，他在大學開設的幸福學課程，每學期都爆滿。

奈提博士帶著LOVE咖啡館的幾個年輕人，一起去請教幸福的祕訣。

一進辦公室，就看見戈登教授的牆上掛著一幅：「夠了。」

夠了

老師，這幾位是海莉、克拉拉、阿布和娜娜。

很高興見到你們。

我們想向老師請教幸福的祕訣。

奈提　戈登

史懷哲曾經說過：「成功不是幸福之鑰，幸福才是成功之鑰。」

社會所崇尚的成功、金錢、權力，並不能帶來真正的幸福。

在諸多討論幸福的研究中，心理學家指出能讓人感到幸福的，是以下三點。

真正讓人感到幸福的 3 件事

❶ 發揮能力：運用自己的天賦或後天學習的才能，來獲得成就感。

❷ 自主掌握：我們是否擁有選擇自己想做的事情的權利。

❸ 與人交流：和家人朋友有舒適的來往與連結。

教授，那我們要怎麼做，才能獲得幸福呢？

海莉　戈登

想要獲得幸福，有 4 大祕訣。

幸福祕訣❶
專注本業

把時間花在你的專業上，發揮能力獲得成就感。對於本金不多的小資族而言，專注本業，才是最有效增加財富的方法。

工作不只是為了金錢，也是為了獲得自我實現。

因此，我們都該努力去尋找自己富有熱情，並且能發揮天賦的工作。

幸福祕訣❷
金錢管理

金錢管理就是生活管理，在理財上自律，才能為你帶來自由。

透過記帳、設定預算、建立自動化理財系統，來管理你的金錢。

並且每個月都要儲蓄。

準備好6個月以上的緊急預備金，以備不時之需。

打造屬於自己的理財系統，讓儲蓄目標與生活品質達到平衡。

幸福祕訣❸
指數投資

指數化投資是最適合小資族的投資方法，只要堅持不懈，就能在複利的威力下，累積驚人的資產。

你再也不必花時間去研究股票，企圖獲取不一定能得到的超額報酬。

買下整個市場，讓時間成為你的朋友。

定期進行再平衡，不斷投入新的資金，盡可能地達成財務目標。

幸福祕訣❹
把握時間
創造幸福人生

時間是最重要的資產，你應該把研究主動投資的時間，拿來賺取更好的主動收入，或者陪伴家人。

專注本業、金錢管理、指數投資、幸福人生，就是獲得幸福的不二法門。

戈登

「生活中最好的東西都是免費的，
第二好的，則非常非常貴。」
—— 可可・香奈兒（Coco Chanel）

觀察伴侶的「金錢性格」

處理好金錢，
關係才能走得長遠！

情侶交往要觀察的 5 個金錢觀

Tips 關係的平衡，比誰付錢更重要！

娜娜談戀愛了，男友長得帥，又會彈吉他。

但是交往幾個月後，娜娜開始有點困擾。

娜娜

男友的經濟不太穩定，又愛亂花錢，最近還跟娜娜借一筆錢。

史提夫對此很不開心，建議她找大家聊聊。

怎麼可以欺負我妹！

史提夫

這天，大家都在 LOVE 咖啡館。

你們說，這樣的男生可以託付終身嗎？

娜娜

看起來，你們的金錢觀差異很大耶。

如果想發展長期關係，妳必須好好觀察彼此的金錢觀是否合適，可以從以下五點來看。

觀察❶
日常消費的差異

雙方在食衣住行的需求上，是否有很大的差異？

這個我有經驗，以前我喜歡吃高檔餐廳，衣服都買名牌服飾。

但阿布很隨興，每次約會都在夜市、路邊攤，當時我常常很不愉快。

走，去吃臭豆腐～

但是某天我轉念一想，嘗試新的生活方式，也是很棒的人生體驗。

如果沒有轉念，我們大概就不會結婚了。

你找死嗎？

我差點就逃過一劫…

妳們都花大錢
買什麼呢？

吃美食跟旅行！

買衣服。

奈提 海莉 娜娜

每個人都有各自重視的消費，我
們必須觀察對方的喜好。

並了解這類消費對彼此的重要
性，避免太快否定對方。

如果決定進入長期關係，這些個
人喜好就需要進行溝通。

雙方可能都要做一些妥協。

觀察❸
支付模式
是否平衡

交往時的支付模式，是否
雙方都感到舒服與平衡？

每對情侶交往時，都有不同的支付模
式，常見的有單方支付、輪流支付、
約會錢包等。

沒有哪一種最好，重點是雙方能否感到平衡與舒服。

平衡不會永遠不變。假如一開始一方支付較多，但難以負擔時，另一方就要跟著改變。

觀察❹
旅行時的金錢衝突

一起旅行時，是否因為金錢而不愉快，甚至爭吵？

真的！旅行是最容易觀察一個人的時機。

像我就是好旅伴～

克拉拉　阿布

出國旅遊時，時間和金錢十分有限，彼此都會暴露出心中認為最重要的事情。

我們可以觀察對方：願意負擔的費用、規畫時的參與程度。

以及是否願意溝通、面對突發狀況的反應、結果不如預期的調適。

更重要的是，在資源有限的情形下，他是否願意考量你的感受。

觀察❺ 金錢管理能力

雙方是否能夠管理金錢，
並且帶給對方幸福。

一個成熟的對象，應該要能夠管理好自己的生活，包括理財。

認真觀察對方能否妥善管理金錢，當然，自己也要懂得理財。

兩個成熟的大人在一起，才能發展出健康的長期關係。

以上五點，是我給各位的觀察指標。

奈提

如果發現金錢觀差異太大，又無法溝通，就要認真思考關係是否繼續下去。

所以有關感情問題，我一律建議分手。

海莉

最後，愛情中真正的金錢課題，是能否達到情感和支付感受上的平衡。

願你們在財務及愛情中，都能獲得幸福。

奈提

願各位都能獲得幸福，
願柏格與你們同在。

野人家 224

小資理財 90 秒

一看就懂的新手理財課，
學會「儲蓄+保險+投資」，
擺脫窮忙、存到第一桶金

作　　者	趙柏凱

野人文化股份有限公司

社　　長	張瑩瑩
總 編 輯	蔡麗真
責任編輯	陳瑾璇
專業校對	林昌榮
行銷企劃經理	林麗紅
行銷企劃	蔡逸萱、李映柔
封面設計	萬勝安
內頁排版	洪素貞

出　　版	野人文化股份有限公司
發行平台	遠足文化事業股份有限公司 (讀書共和國出版集團)
	地址：231 新北市新店區民權路 108-2 號 9 樓
	電話：（02）2218-1417　傳真：（02）8667-1065
	電子信箱：service@bookrep.com.tw
	網址：www.bookrep.com.tw
	郵撥帳號：19504465 遠足文化事業股份有限公司
	客服專線：0800-221-029
法律顧問	華洋法律事務所　蘇文生律師
印　　製	博客斯彩藝有限公司
初版首刷	2023 年 1 月
初版 5 刷	2024 年 3 月

有著作權　侵害必究
特別聲明：有關本書中的言論內容，不代表本公司 / 出版集團之立場與意見，
文責由作者自行承擔
歡迎團體訂購，另有優惠，請洽業務部（02）22181417 分機 1124

ISBN 978-986-384-837-0(平裝)
ISBN 978-986-384-838-7(PDF)
ISBN 978-986-384-839-4(EPUB)

插圖來源 © Noun Project Inc.
All icons are authorized by The Noun Project.

國家圖書館出版品預行編目（CIP）資料

小資理財 90 秒【圖卡小劇場】：一看就懂
的新手理財課，學會「儲蓄+保險+投資」，
擺脫窮忙、存到第一桶金 / 趙柏凱作 . -- 初
版 . -- 新北市 : 野人文化股份有限公司出版
: 遠足文化事業股份有限公司發行 , 2023.01
面；　公分 . -- (野人家 ; 224)
ISBN 978-986-384-837-0(平裝)

1.CST: 個人理財 2.CST: 投資

563　　　　　　　　　　　　111021949

野人文化
官方網頁

野人文化
讀者回函

小資理財 90 秒

線上讀者回函專用
QR CODE，你的寶
貴意見，將是我們
進步的最大動力。